자연의 향기 가득 찻잔에서 피는 꽃

마음 맑은
우리 꽃차

마음 맑은 우리 꽃차

지은이 송희자
펴낸이 양동현
펴낸곳 도서출판 아카데미북
　　　　출판등록 제13-493호
　　　　02832, 서울 성북구 동소문로 13가길 27
　　　　전화 02-927-2345 팩스 02-927-3199

초판 1쇄 발행 2014년 7월 5일
초판 4쇄 발행 2019년 1월 10일

ISBN 978-89-5681-152-9 / 13570

www.iacademybook.com

이 도서의 국립중앙도서관 출판시도서목록(CIP)은
e-CIP홈페이지(http://www.nl.go.kr/ecip)와 국가자료공동목록시스템(http://www.nl.go.kr/kolisnet)에서
이용하실 수 있습니다. CIP제어번호 : CIP2014019711

자연의 향기 가득 찻잔에서 피는 꽃

마음 맑은
우리 꽃차

茶田 송희자 지음

아카데미북

서문 – 꽃차를 만들며

문득 꽃잎이 눈앞에서 떨어집니다. 가슴속에서 그리움도 떨어집니다. 첫정이라 했던가요. 발길 내딛는 산기슭에서 만난 이슬 맞은 찔레꽃에 반해 푹 빠져 버린 꽃차의 세계. 꽃이 좋아서 무작정 시작했던 일이 지금은 현실의 안위와 미래의 행복을 가져다주는 꽃 중의 꽃이 되었습니다.

설레는 마음으로 봄을 기다리는 길목에서 피어나는 매화·목련·도화, 긴 여름 뜨거운 땀방울과 함께 만나는 홍화·일당귀·해바라기, 시원한 바람이 얼굴을 스칠 무렵 어김없이 얼굴을 보여 주는 맨드라미·구절초·국화, 그리고 찬바람 부는 겨울날 애잔하게 피어 인고의 의미를 일깨워 주는 동백꽃·차나무꽃, 수선화……

이런 꽃들이 차로 변신하여 또 한번 저를 감동시키고 흥분시키고 행복한 눈물을 흘리게 해 줍니다. 꽃차를 접한 지 30년, 처음에는 단순히 꽃을 좋아하고 차를 좋아해서 시작한 일이 20년을 훌쩍 넘겼습니다.

바람이 붑니다
바람이 이는 방향으로 꽃향기가 흘러나옵니다
거칠어도 아랑곳하지 않고 굿굿하게 나옵니다
그러다가 바람이 소리를 합니다
귓가에 맴돌며 간지럼도 태웁니다
사랑하노라고
바람이 불면 꽃이 춤을 춥니다
잠자리 날개처럼 춤을 출 때도 있고
나비처럼 우아하게 출 때도 있습니다
살풀이의 한 장면이 떠오릅니다
휘몰이장단에 맞춰 춤추듯 그렇게 꽃잎이 흔들립니다.

그 동안 노트와 컴퓨터, 메모리카드에 모아 두었던 자료들을 정리하면서 뛰는 가슴을 진정시킬 수가 없었습니다. 밤마다 눈이 충혈되고 반복되는 몸살에도 작업을 멈출 수 없었던 것은 지금이 아니면 할 수 없기 때문입니다. 컴퓨터 모니터 앞에서 그냥 멍하니 앉아 있기만 할 때도 많았습니다. 화면에 펼쳐진 수많은 꽃들이 제 머릿속에서 영사기가 돌아가듯이 추억의 시간을 넘나들었으니까요. 생업을 지속하며 틈틈이 원고를 쓰고, 수백 가지 꽃 중에서 1백여 가지를 추려 내는 동안 계절이 여러 번 바뀌었습니다.

이번 책을 통하여, 늘 사랑의 응원을 해 주신, 꽃을 사랑하고 차를 생활화해 주신 님들에게 고마움을 전합니다.

'꽃처럼 아름답고, 꽃처럼 향기롭게'라는 슬로건을 내걸고 시작한 꽃차 문화가 정착되고 있음을 곳곳에서 느낍니다. 굳이 말로 표현하지 않아도 얼마나 많은 시행착오가 있었는지는 꽃차를 드시는 분들은 느끼실 것이라 생각합니다. 꽃차 문화의 아름다운 정착에 열정을 더하며 여름의 문 앞에서 감사 인사를 드립니다.

자연이 선물로 준 꽃차 한 잔을 통해, 독자 여러분도 꽃처럼 색다르고 향기로운 삶을 누리시기를 바랍니다.

2014년 초여름
茶田 송희자

PART 1 꽃차의 이해

PART 2 꽃차 만들기

세상의 모든 꽃이 져 버린 차디찬 겨울밤, 찻잔에서 모락모락 김을 올리며 피어나는 꽃을 보면 마음이 환해집니다. 코발트색 찻

물이 아름다운 제비꽃차, 달콤한 향기를 내뿜는 찔레꽃차가 들뜬 마음을 진정시켜 줍니다. 찻잔에서 한번 더 피어나는 꽃은 화사

함 · 애절함 · 다정함 · 여유로움 등 다양하고 미묘한 느낌을 전해 줍니다.

장미꽃처럼 태생부터 화려한 삶이 있고, 진흙 위의 연꽃처럼 고난을 딛고 고결하게 피는 삶도 있고, 달밤에 피어나 은은한 향기로

어둠을 위로하는 달맞이꽃 같은 삶도 있습니다. 어떻게 피어나든 꽃마다 고유의 향기와 빛깔을 가지고 있습니다.

당신의 삶은 어떤 빛깔과 향기인가요?

PART 1

꽃차의 이해

꽃차란 무엇인가?

'꽃차'란 꽃송이를 차로 만들어 끓는 물에 우려내어 마시는 것이다. 꽃잎·꽃술·꽃받침을 포함한 꽃송이 전체를 저마다의 특성에 따라 제다製茶한 것을 '꽃차'라고 하는데 꽃의 형태와 색이 보존되고 고유한 향과 맛이 느껴져야 한다.

흔히 '꽃차'라고 하면 '화향차花香茶'로 여기는 경우가 종종 있다. 화향차는 녹차를 기본으로 하여 꽃이나 다른 식품의 향을 입힌 것이므로, 진정한 의미에서 꽃차라고 할 수 없다. 꽃차는 순수한 꽃 자체만을 가공하여 꽃의 고유한 형태와 색, 향, 맛, 효능 등을 그대로 유지하고 있는 것이어야 한다.

꽃차는 꽃송이 전체를 가공한 꽃차, 꽃잎만을 분리해 놓은 꽃잎차, 꽃에 열매나 잎을 혼합하여 만든 혼합차, 설탕이나 꿀에 재워 발효시킨 꽃발효차가 있다.

꽃차의 종류

꽃차
꽃송이 전체를 가공한 것

꽃잎차
꽃잎만을 가공한 차로 주로 화경(꽃자루)과 꽃송이 자체가 큰 꽃을 시음할 때 꽃잎만을 분리해 내는 경우가 많다. 수분이 많고 약성이 농축되어 있으며, 화분이 많아 찻물이 혼탁해지기 쉬운 경우에도 꽃잎만을 쓴다. 모란·목련·작약·무궁화·부용·원추리·장미·국화 등.

꽃혼합차
꽃과 꽃을 혼합한 것으로, 2가지 이상의 꽃차를 섞어 만든다. 대표적인 것으로 국화와 인동덩굴꽃을 혼합한 '쌍화차', 1백 가지 꽃을 혼합한 '백화차'가 있다. 쌍화차는 간의 열을 내리는 국화와, 뇌의 열을 내리는 인동덩굴꽃이 조화를 이루어 집중력을 필요로 하는 수험생이나 연구원들에게 도움이 된다. 백화차는 화려한 색깔과 향기, 복합적인 맛을 가지고 있어서 꽃차 중의 백미라고 할 수 있다 (백화차에 관한 것은 p.286 참고).

꽃잎혼합차

꽃차와 잎차를 혼합한 것으로, 꽃의 화사함과 잎의 싱그러움이 주는 풍미가 뛰어나다. 대표적인 꽃잎혼합차로 수국박하차 · 국화녹차 · 도화녹차 등이 있다.

수국박하차 _ 수국(불두화) 꽃에 수국 잎과 박하를 혼합하여 수국꽃의 향기와 수국 잎의 단맛, 박하의 청량감이 어울린다.

국화녹차 _ 국화의 맑은 향기와 녹차의 싱그러운 맛이 조화를 이루어 두뇌를 맑게 해 준다.

도화녹차 _ 도화(복사나무꽃)의 기능성 성분에 녹차의 진정 작용이 더해지면서 도화의 향기는 진해지고 맛은 부드러워진다.

꽃차를 마시는 이유

꽃차는 아름답고 향기가 있으며, 기능성 성분이 건강생활에 도움이 되므로 사랑받는다.

〈현대인들이 꽃차를 마시는 다섯 가지 이유〉

1 꽃은 본래 마음을 편안하게 하고 정화하는 기능이 있다.
2 꽃차 역시 다도茶道의 한 분야로, 대화의 장을 마련하는 계기가 된다.
3 형태가 보전된 꽃차를 우리는 과정에서 자연의 아름다움을 느낄 수 있다.
4 꽃차의 아름다움이 창작 활동에 도움이 된다.
5 꽃의 기능성 성분이 건강에 도움이 된다.
6 꽃의 일생을 생각하며 개인의 인생을 돌아볼 수 있다.

꽃차는 한국의 허브차

꽃차는 우리나라의 허브차라고 할 수 있다. 원래 '허브herb'의 사전적 의미는 '향을 가진 녹색 식물'이라는 의미였으나, '예부터 약이나 향료로 이용되어 온, 향기가 있는 모든 식물'이라는 포괄적인 의미로 바뀌었다. 차茶도 마찬가지다. 차茶는 차나무의 잎을 덖거나 쪄서 우려내어 마실 수 있게 한 것을 의미했지만 요즘은 음료 자체를 통칭하여 '차茶'라고 표현한다.

차로 이용할 수 있는 재료는 매우 다양하다.

〈차로 이용하는 우리나라 식물의 예〉

꽃	잎	줄기	뿌리	열매
매화 · 목련 · 장미	감나무 잎 · 차나무 잎	박하	모란 · 작약	금귤 · 복분자

위의 예를 보더라도 그간 우리가 생활 속에서 구할 수 있는 식물을 가공한 차는 맛 · 향 · 기능성을 충족시키므로 '한국의 허브차'라는 표현이 손색이 없다. 이러한 맥락에서 '꽃차'야말로 '한국의 허브차'라고 부를 수 있을 것이다.

〈꽃차의 장점과 단점〉

장 점	단 점
음식 첨가 및 활용성이 큼	생산성 최하
치료 목적을 극대화	무게의 가벼움
적은 양으로 고소득 창출	성분 집약(독이 될 수 있음)
대체의학으로의 접목 가능성	과다 섭취 불가

꽃의 부위에 따른 차 분류

꽃차는 꽃송이 전체를 사용하기도 하고, 특정 부위만을 분리하여 사용하기도 한다.

꽃잎 _ 꽃잎만을 분리해 놓으면 향기와 색, 맛이 다소 약하고 성분도 진하지 않기 때문에 초보자가 사용하기 좋은 소재가 된다.

꽃받침 _ 꽃받침은 약재로 사용하는 것이 많으며, 여러 번의 정제 또는 가공 과정이 필요하다.

꽃술 · 꿀샘 _ 샤프란이나 잇꽃처럼 꽃의 수술과 암술, 꿀샘을 사용하는 것은 고도의 기술과 많은 노동력을 필요로 한다.

〈꽃의 부위에 따른 차〉

꽃잎	꽃받침	꽃술	씨앗
장미, 해당화, 국화, 해바라기	해바라기, 가지 꼭지	샤프란, 잇꽃	감나무꽃, 작약, 장미

꽃의 구조와 용어

꽃은 현화顯花 식물의 유성有性 생식기관으로, 모양과 색이 다양하여 고유의 특징을 가지고 있다. 크게 꽃술과 화피 두 부분으로 나뉘는데, 화피는 꽃받침과 꽃부리로 구분되며, 꽃 내부를 보호하고 벌레를 유인하는 역할을 한다. 꽃술은 수술과 암술로 나뉘는데, 둘 다 있는 것이 양성화, 하나만 있는 것이 단성화이다. 꽃술은 화밀花蜜, 화분花紛, 방향성芳香性을 가지고 있다.

꽃 : 종자 식물의 유성有性 생식 기관. 꽃자루 끝에서 피며, 꽃술과 화피花被로 나뉜다. 모양과 색이 가지각색이다.

꽃(꽃송이) _ 꽃자루 위에 붙은 꽃 전부를 이르는 말
꽃줄기 _ 부리에서 바로 올라와 꽃이 달리는 줄기. 화경
꽃자리 _ 꽃이 달렸다가 떨어져 나간 자리. 꽃돗자리의 준말

꽃의 기관 : 암술 · 수술 · 꽃잎 · 꽃받침 · 꽃덮이 · 꽃턱 · 꽃자루 · 포엽
암술 _ 암술머리(수술의 꽃가루를 가루받이하는 부분) · 암술대(암술머리와 씨방을 연결하는 부분) · 씨방(씨가 될 밑씨가 들어 있는 부분)
수술 _ 꽃밥(꽃가루 주머니) · 수술대(꽃밥을 받치는 줄기)
꽃잎 _ 꽃부리를 이루고 있는 낱낱의 조각. 화순, 화엽, 화판
꽃받침 _ 꽃잎 바깥쪽에서 꽃잎을 받치는 여러 장의 조각. 일반적으로 잎이 소형화된 형태가 많아 꽃잎과 구별되지 않는 경우가 많다.
꽃덮이 _ 꽃부리나 꽃받침이 구별되지 않거나 어느 한쪽이 없는 경우 '꽃덮이'라고 총칭한다.
꽃턱 _ 꽃자루의 맨 끝에 꽃이 달리는 볼록한 부분. 화탁花托
꽃자루 _ 꽃턱에 이어져 꽃을 받치는 자루.
포엽苞葉 _ 꽃송이를 싸서 보호하는 특수한 모양의 잎.

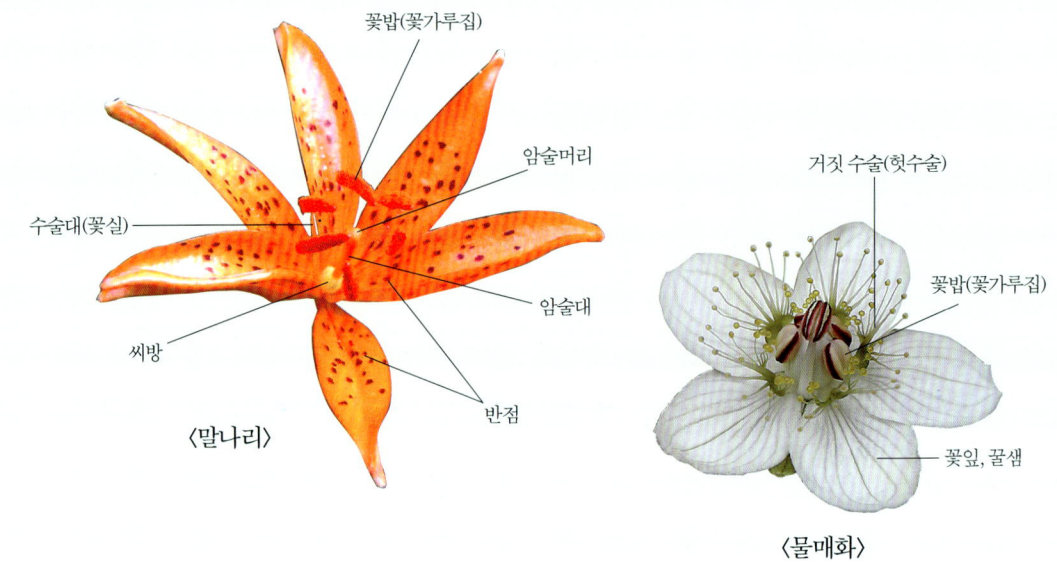

꽃의 구조

꽃밥(꽃가루집)

암술머리

수술대(꽃실)

씨방

암술대

반점

〈말나리〉

거짓 수술(헛수술)

꽃밥(꽃가루집)

꽃잎, 꿀샘

〈물매화〉

꽃잎, 꿀샘

꽃밥(꽃가루집)

수술대(꽃실)

암술머리

씨방

꽃뿌리

〈개양귀비〉

설상화舌狀花
혀 모양의 꽃

〈복수초〉

관상화管狀花
관 모양의 꽃

꽃자루(화경)

〈나팔꽃〉

꽃받침(꽃받침잎)

포엽(꽃싸개잎)

〈보춘화〉

꽃자루(화경)

〈장미〉

꽃의 형태 : 양성화 · 단성화 · 중성화

　양성화兩性花 _ 한 개의 꽃 속에 암술과 수술이 모두 있는 꽃. 복숭아꽃 · 벚꽃 · 배추꽃 등

　단성화單性花 _ 암술 또는 수술만으로 이루어진 꽃. 암꽃과 수꽃이 한 그루에 있는 '암수한그루
　(자웅동주)'와 다른 그루에 있는 '암수딴그루(자웅이주)'로 나뉜다. 암수한그루에는 옥수수 · 밤나
　무 · 오이 · 쐐기풀 등이 있고, 암수딴그루에는 은행나무 · 버드나무 · 참마 · 시금치 등이 있다.

　중성화中性化 _ 암술과 수술이 모두 퇴화해 버리고 꽃덮이만 남은 꽃. 불두화 · 산수국 등이 있다.

꽃차를 만드는 자세

자연을 아끼고 사랑하는 마음이 있어야 한다

홀로 피어 있는 꽃이 아름다워 꺾어다 차를 만들었다면 마음이 기쁘겠는가? 아무리 자연의 소산물
이라고 해도 무리지어 피어난 곳에서 일부를 솎아서 가져오는 것과 무조건 채취하는 것은 다르다.
필요한 꽃은 화분이나 자투리땅에 심어 구하는 것이 바람직하다. 자연도 아끼고 가꿀 때 값진 선
물을 준다. 길가나 논밭 주변도 삼간다. 길 근처는 매연으로 인한 중금속 오염이 염려되고, 논밭 주
변은 농약의 피해를 입을 가능성이 크다. 자연에서 꽃을 채취할 때는 가져가는 것만 아니라 되돌
려준다는 마음가짐으로 접근해야 한다.

필요량보다 약간 적게 만든다

꽃차를 만들 때는 넘치는 것보다는 부족하게 만드는 것이 좋다. 풍족한 양을 추구하기보다는 조금
적게 만들되 시간의 여유를 가지고 꽃을 만지는 과정 자체를 즐긴다. 꽃차는 향기와 색을 우선시
하는 차다. 꽃을 하나하나 바라보는 자세로 정성껏 만들어 귀하게 여기며 음미하는 것이 많이 만
들어 관리 소홀로 버리는 것보다 낫다.

거창한 도구에 집착하지 않는다

꽃차를 만들고 마실 때에도 필요한 도구가 있다. 꽃을 찌는 찜, 덖는 솥, 피자팬, 건조기, 그 밖에 산
이나 들로 나갈 때 입는 옷과 기타 장비, 관련 도서 등이다. 많은 사람들이 꽃차를 처음 만들 때 준
비 과정에서 많은 시간과 돈을 투자한다. 무엇보다 중요한 것은 꽃에 대한 관심이다. 도구를 다 갖
춘다면 일하는 과정이 편리하겠지만 꽃차를 만드는 데 능숙해진 뒤에 갖추어도 된다. 집에서 쓰는
바구니, 전자레인지, 밑바닥이 두꺼운 팬이나 냄비, 고구마나 감자를 찌는 솥이 있다면 충분히 꽃
차를 만들 수 있다. 초보자에게 가장 중요한 것은 꽃에 대해서 아는 것이다. 꽃 이름, 꽃이 피는 지

역과 시기, 꽃의 성질 등을 먼저 생각하는 것이 바람직하다.

식물도감을 친구삼아 지내라

식물도감을 통해 꽃 이름·개화 시기·분포 지역 등의 지속적인 정보를 얻을 수 있다. 꽃차를 만들려면 무엇보다도 꽃에 대해 잘 알아야 한다. 사용할 수 있는 꽃을 구별할 줄 알면 반은 이루어진 것이다. 법정보호식물이나 희귀종 꽃은 채취하지 말고 보존해야 한다. 기본적으로 꽃차는 흔한 꽃에서 얻는 것이 좋다. 식물도감을 친구나 애인처럼 가까이한다면 자연스럽게 꽃과 친해질 것이다.

꽃을 다룰 때 주의할 점

자세히 알고 다룬다

꽃을 관상용이 아닌 하나의 식품으로 인식하면 다양한 이용법이 보인다. 꽃차는 색과 향과 맛을 두루 갖추어야 하므로, 차를 만드는 과정 중 어느 하나라도 소홀히해서는 꽃의 매력을 충분히 드러내 보일 수 없다. 계절에 따라 모양과 맛이 다르고, 꽃의 구조에 따라 차를 만드는 방법도 달라진다. 꽃을 충분히 알고 시작하면 훌륭한 꽃차를 만들 수 있다.

꽃의 구조에 따른 사용법 숙지

꽃을 이용할 때 꽃송이를 통째로 쓰는 꽃과 꽃잎만 분리해서 쓰는 꽃을 알아 두어야 한다. 꽃심이 두터운 것은 대부분 꽃잎과 심을 분리하여 사용하는 것이 바람직하다. 쓴맛이나 영양분(독성)이 함축되어 있는 부분이 많기 때문에 분리하여 엷게 쓰는 것이 효율적이다.

꽃에도 독이 있다. 꽃가루를 조심한다

꽃가루는 영양의 핵심이지만 독毒이 있다. 열매를 맺어야 하는 꽃의 속성상 스스로 보호하고 방어하며 번식하는 본능 때문이다. 독성이 있는 꽃가루는 때로 피부 발진이나 가려움증을 유발하고 안구에 닿았을 때 실명까지 유발하는 사례도 더러 있으므로 생화를 만질 때는 주의가 필요하다.

　꽃이나 약초 중에서 '강심強心 작용'을 하는 식물이 있다. 강심 작용은 심장의 확장과 수축 기능을 증진시키는 것으로, 복용량이 지나치면 심장 박동이 정지되는 부작용도 있다. 은방울꽃·복수초·할미꽃 등이 이에 해당된다. 이렇듯 꽃의 독을 어떻게 이로운 영양으로 전환하여 섭취할 수 있는가가 풀어야 할 과제다. 개인의 체질에 따라 독성 반응이 나타나지 않는 경우도 있지만, 꽃을 식품으로 다룰 때는 누구라도 꽃의 성질과 가공법을 철저하게 숙지해야 한다.

꽃의 크기

꽃의 크기는 꽃차를 만드는 데 영향을 준다. 제주도의 구절초는 해풍으로 인해 마디게 자라기 때문에 키가 작고 꽃 크기도 작은 대신 향은 짙고 쓴맛이 많이 난다. 반면에 강원도 구절초는 키도 크고 꽃도 탐스러우며, 쓴맛이 적고 깊은 맛이 있다. 어떤 꽃이 더 좋다 나쁘다고 결론내릴 수 없지만 지리 환경에 따라 꽃차를 만드는 방법과 이용 범위도 차이가 생긴다. 환경에 따라 수분량, 섬유소의 분포, 성분의 가감 등이 차이가 생기는데, 이에 따라 만드는 방법도 달라진다.

꽃의 향기

예를 들어, 담양에서 재배한 국화는 깊은 맛이 덜하다. 크기가 크고 일찍 채취할 수 있다는 장점이 있지만 차를 만들었을 때 만족도가 다소 떨어진다. 충청북도 이북 지역(경기도·강원도), 경상북도 일부 지역 등 일교차가 뚜렷하고 게르마늄이 풍부한 토양에서 자란 국화는 향이 깊고 단맛도 많이 난다. 이처럼 자연 지리적인 환경을 고려한다면 보다 품격 있는 꽃차를 생산할 수 있을 것이다. 남쪽 지방은 시기적인 장점과 품질 면에서의 단점을 동시에 지니고 있다.

꽃의 맛

꽃의 종류에 따라 남쪽 지방에서 나는 꽃이 더 좋은 경우가 있다. 금은화·목련·동백 등은 북쪽으로 갈수록 향이 짙고 맛도 농축되어 쓴맛이 강하게 나오고, 남쪽에서 생산되는 것이 엷고 은은한 맛이 난다. 반면에 구절초나 국화는 남쪽의 것이 쓴맛이 강하고 북쪽에서 자란 것이 단맛이 많이 나온다. 따라서 어떤 맛을 장점화할 것인지에 따라 지역을 선택하는 것도 좋다.

꽃색의 선명도

온도·강수량·일조량·토양 성분과 밀접한 관계가 있다. 햇빛을 많이 받은 꽃일수록 색상이 짙고 선명하며, 일교차 또한 색상을 짙고 선명하게 한다. 강수량이 많으면 색은 엷어진다. 호박꽃의 경우, 한여름에는 비가 많이 오고 기온도 높아 꽃이 수분을 충분히 머금고 잘 자라므로 꽃 색이 엷어서 꽃차를 만들기가 까다롭다. 하지만 가을이 가까워지면서 일교차가 커지고 찬바람이 불면 꽃의 크기가 작아짐에 따라 색소도 밀착되므로 색이 짙다. 그렇게 되면 만드는 과정도 훨씬 간단해진다. 이렇듯 4계절이 뚜렷한 우리나라에서는 꽃이 풍성하게 피어나는 무렵에 채취할 것인가, 꽃이 끝나 갈 무렵에 채취할 것인가도 고려해 볼 수 있다.

꽃차의 역사

우리나라 음료의 역사

신라 시대 _ 신라 시대부터 꽃을 약재로 썼다. 이 시기에 박하차와 오미자가 중국에 소개되었다.

고려 시대 _ 불교가 융성하고 연등회 · 팔관회 등의 불교 행사가 개최되면서 병과류와 음청류도 발달했다.

조선 시대 _ 조선 초기에는 불교 쇠퇴에 따른 차 생산량 감소로, 감잎차 · 국화차 등의 대용차가 발달했다. 조선 후기에 생맥산 · 쌍화탕 · 제호탕 등 여름철에 마시는 기능성 청량음료가 발달했다.

꽃차에 대한 기록

꽃차에 대한 구체적인 기록은 조선 시대 문신이었던 초간草澗 권문해權文海(1534~1591)가 집필한 우리나라 최초의 백과사전《대동운부군옥大東韻府群玉》에 보인다. 단군 이래로 불러 왔던 열세 가지 차 이름 중에 산다화(山茶花 : 동백꽃)가 첫머리에 나온다.

  《동의보감》〈탕액편〉에는 '무궁화를 차로 마시면 풍風을 다스리고 꽃가루를 물에 타 마시면 설사를 멈춘다'라고기록되어 있고, 괴화 · 능소화 · 홍화 등도 약성이 뛰어나다고 기록하고 있다. 조선 순종 때 출간된 빙허각憑虛閣 이씨의《규합총서閨閣叢書》에는 매화와 국화 등을 소금에 절여 말려 두었다가 사용한 기록이 있다.《한방약대학사전》에 '국화는 꽃이 필 때 채취하여 그늘이나 약한 불에 말려서 사용하거나 검게 볶거나 청주에 적셔 말린 뒤에 사용하기도 한다'. '향유 꽃송이는 그늘에서 말려 사용하고, 인동 꽃은 맑은 날 이슬이 마른 직후 꽃송이를 채취하여 그늘 또는 검게 태워서 사용한다.'라고 적고 있다. 그 밖에 패랭이꽃 · 잇꽃(홍화) · 금불초 · 회화나무꽃(괴화) · 꿀풀 꽃(하고초) · 부용 · 자목련 · 해당화 등이 사용된다고 한다.

꿀에 재우기

꿀은 맑은 꿀(양봉)이 좋으나 전통비법은 토종꿀(한봉)에다가 재워서 사용했다. 몸을 보호하는 데 초점이 맞춰진 것이다. 대부분 청장년층을 위한 음료라기보다는 어린아나 노약자를 대상으로 한 것이 많고, 꿀에 재우는 방법이 쉽고 꿀 자체의 열량이나 영양 성분이 뛰어나 건강식품으로 사용한 것으로 생각된다.

진달래꿀차 만드는 법

1 진달래 꽃술을 떼어 내고 깨끗하게 씻어 물기를 없애고 꿀에 재운다.

↓

2 보름이 지나면 사용할 수 있지만 수분이 가장 많이 빠져나온 시기에 꿀과 건더기를 분리하고 꿀은 많아진 수분만큼 한 번 끓여 사용하거나 냉암소에 잘 보관했다가 사용한다.

↓

3 꽃에 따라 식간에 마시거나 식전에 마시는데, 진달래는 식간에 마시는 차 가운데 하나다.

재에 굽기

한지에 꽃을 싸서 불기가 사라진 따뜻한 재에 넣어 두면 재의 온기에 의해 꽃이 마른다. 이때 재의 온도는 $60\sim80℃$로, 한지가 수분을 조절하여 배출하며 꽃을 보호한다. 이렇게 굽기를 2시간씩 약 9회 하는데 꽃의 크기에 따라 횟수를 가감한다. 9라는 숫자가 주는 의미는 온갖 정성 그 이상의 의미가 들어가 있다. 완성된 꽃은 원형을 보전하기보다는 기능성에 초점을 맞추었으며 약재로 사용되었다. 향기·색·맛은 원래의 꽃과는 차이가 크며, 대부분 검게 변한다.

수증기에 찌기

개화하지 않은 회화나무꽃봉오리를 따서 수증기에 9회 찐다. 양에 따라 차이는 있지만 쌀알 같은 꽃봉오리를 한 번에 1분가량 총 9회를 찌고 식히기를 반복하여 말린다. 미세한 속부분까지 익기 때문에 보관하기가 좋고, 성분 자체도 충분히 나오며 가지고 있는 독성분을 이로운 성분으로 전환시킬 수 있다. 이렇듯 수증기에 쪄서 사용할 수밖에 없는 이유가 또 있다. 약재로 사용했던 예전에는 개화한 것은 암술과 수술의 번식이 일어났기 때문에 영양 가치는 높지만 보관이 쉽지 않았으므로 봉오리를 여러 번 쪄서 사용하게 된 계기가 된 듯하다.

절기별 꽃 활용

월(음력)	내용
1	거문도 지방에서는 섣달 그믐날 저녁 동백꽃 우린 물로 목욕을 하여 피부병을 예방하였다. 수선화가 많이 피는 남부 지방에서는 긴 밤의 고적함을 달래기 위해 수선화 꽃을 말려 두었다 차로 마셨다고 한다.
2	봄을 알리는 매화를 찾아다니는 것을 '심매尋梅' 또는 '탐매探梅'라고 하는데, 《산림경제山林經濟》의 기록을 보면 '상매회'를 만들어 문학을 즐겼다고 한다.
3	강남 갔던 제비가 돌아온다는 삼짇날(3월 3일) 진달래 화전을 만들어 먹었다. 이 화전놀이를 다른 말로 '화류놀이', '꽃놀이', '꽃다림'이라고 한다. 봄이 지는 것이 아쉬워 3월 29일을 '전춘'이라 부르고, 이 말로 시를 짓고 차를 마시며 하루를 즐겼다. 유채꽃으로 물김치를 만들어 먹었다.
4	《산림경제》에, 치자 꽃으로 젓을 담그면 향기롭고 맛이 있어 '담복초'라고 했다는 기록이 있다.
5	창포 삶은 물에 머리를 감고 목욕도 하였다. 5월 13일은 대나무를 옮겨 심으면 병 없이 잘 자란다 하여 '죽취일' 또는 '죽미일'이라고 한다. 해당화로 밥을 지어 먹어 재액을 물리쳤다 한다.
6	6월 1일에 수국을 꺾어다 집에 걸어 두면 잡귀가 접근하지 않는다고 했다. 수국을 말려서 해열제로 쓰기도 하였다. 6월 6일에 익모초 생즙을 마시면 한여름을 잘 지낼 수 있다고 한다.
7	7월 15일은 백중百中이라 하여 1백 가지 꽃으로 고양을 했다는 기록이 《용재총화慵齋叢話》와 《열왕세시기》에 있다. 원추리꽃밥과 국으로 지루한 장마로 우울한 기분을 달랬다고 한다.
8	봉선화 꽃으로 물들이면 첫사랑이 이루어진다는 말이 있지만 원래는 액을 물리치기 위해서였다. 떡에 국화와 맨드라미를 웃기로 얹어 중추절을 즐겼다. 부추꽃지와 삼계백숙에 당귀꽃을 넣었다.
9	중양절(9월 9일)은 삼짇날 왔던 제비가 강남으로 돌아간다는 날로 단풍과 국화를 즐긴 날이다. 국화전·국화주·국화차·국화떡 등을 먹었다. 《규합총서》에 따르면 이때 백화주를 빚었다고 한다. 《동의보감》에서는 백화는 피로 해소, 보양, 정기 강화에 좋다고 했다.
10	서리 오기 전 호박꽃찜을 해서 먹고, 시루에 다섯 가지 이상의 꽃을 넣어서 설기떡을 해 먹었다.
11	입동과 소설이 있는 이 시기에 김장을 했다. 그동안 담아 두었던 담복초로 김치를 담고, 맨드라미 우린 물로 물김치와 연꽃김치를 담갔다.
12	동지날 먹던 동지죽에 재액을 물리던 해당화물김치와 묵은해를 보내는 백화주를 나누었다.

꽃차 기본 과정

세척

꽃차를 만들 때 꽃의 기본 손질은 어떻게 할까? 우리는 흔히 식재료를 물에 씻어 사용하지만 꽃은 다르다. 꽃을 물에 씻으면 꽃가루가 손실된다. 꽃은 밤에는 꽃잎을 오므려서 수술과 암술의 결합을 돕고, 비가 올 때도 꽃잎을 닫아 정수 부분을 보호한다. 하루이틀이 지나 수정을 마치면 스스로 떨어져 내려 열매가 익도록 한다. 이러한 자연의 이치를 볼 때 꽃은 물에 씻지 않는 것이 좋다. 찌고 덖고 말리는 과정에서 불순물을 털어 내고, 그것이 미흡하다면 차를 우려낼 때 첫물을 따라 버리는 식으로 불순물을 제거한다.

꽃의 열 정지

꽃은 원가지에서 분리되는 순간 생명의 위협을 느끼고 꽃의 정수 부분에 응집되어 있는 수분과 영양분을 이용하여 가속도를 내어 피우는 데 전력 질주하는데 이때 열이 발생한다. 꽃을 말릴 때 시간을 두고 말리는 것이 나쁘지는 않다. 하지만 꿀샘과 화분, 잔여 수분의 열 전도는 꽃마다 다르며, 꽃을 따는 순간부터 발생하는 열에 다시 열을 가하는 것은 바람직하지 않다. 즉, 열을 정지시킨 뒤에 다시 열을 가하는 방법이 적합하다.

또한 열이 발생하는 것은 꿀샘과 수분의 온도가 올라가 있는 상태이므로, 얼마나 빠른 시간에 생명을 정지시키느냐에 따라서 꽃의 색·향·맛이 좌우된다.

예외적으로 목련 꽃봉오리도 정지 작업을 하는데, 그 이유는 수분과 꿀샘이 적어서 색이 변할 확률이 낮지만 맛과 향이 미숙하므로 구수한 맛을 입히는 과정[加香]이 필요하기 때문이다. 기본적으로 숨구멍이 벌어진 것이 최상이라 하겠다.

잡향 없애기

꽃마다 고유한 향이 있듯이 사람에게도 유전적인 향이 있으며, 섭취하는 음식에 따라서도 달라진다. 고기를 많이 먹는 서양의 식습관은 고기의 노린내가 사람에게도 나고 향신료를 좋아하는 서아시아권 국가의 사람들에게 나는 향은 또 다른 향료 산업을 일으켰다. 마찬가지로 마늘을 먹는 한국인에게서는 마늘 냄새가 난다. 다만 서로의 습관이 비슷하고 환경이 같다 보니 그 향을 감지하지 못하는 것이다. 이와 같은 이치로 차를 즐겨하는 사람에게는 차향이 난다고 한다.

이렇듯 각각의 고유한 향과 꽃을 건조할 때에 따른 환경적인 요인, 즉 각 가정과 장소에 묻어 있는, 공기 중에 묻어 있는 향, 그리고 미세먼지를 잡아 주는 역할을 하는 것이 첫 번째 수증기에 찌는 것이다. 표면에 묻어 있는 잡향을 없애는 역할이다. 사람마다 고유한 향이 아름다움이겠지만 꽃차를 만들면서는 꽃의 고유한 향을 변형시키는 원인이 될 수도 있다. 그렇기 때문에 수증기에 쪄서 이 향을 날려 보내는 것이다.

꽃의 보호막 깨기

아무리 연약한 꽃잎이라도 바람·햇빛·해충 등의 외부 환경으로부터 암술과 수술을 보호하기 위해 철저하게 방어벽을 치고 있다. 두 번째는 잡향을 없애기 위해 처음 쪘을 때 미세하게 벗겨진 방어벽을 더 벗겨 내는 작업이다. 그리하여 보이지 않게 쌓아 놓은 벽만 무너뜨리면 되는 것이다. 틈이 보이게끔 놔두는 것이 포인트라고 할 수 있다.

추출 유도

방어벽 사이로 내용물이 흘러나올 수 있게 하기 위함이다. 꽃의 심장부로부터 물줄기를 통하여 밖으로 누수될 수 있도록 만드는 것이 세 번째 과정이라고 생각하면 된다. 아무리 작은 틈새라도 결국 심장부를 내어 줄 수밖에 없기 때문에 그 심장부에 해당하는 영양 성분을 최대한 끌어내는 것이 핵심이라고 할 수 있다.

※ 한약재를 가공하는 과정 중에 아홉 번 찌고 말린다는 의미의 '구증구포九蒸九曝'가 있다. 하지만 꽃에는 통용되지 않는다. 여러 번 하면 꽃향기가 사라지고 색이 바랠 수 있기 때문이다. 꽃을 찌는 것은 많아야 세 번이 기본이며, 극히 드문 경우에만 아홉 번을 찐다. 꽃의 꿀샘(영양)이 마지막까지 물줄기를 통해 퍼지기 때문에 꽃잎이 견고해질 수 있는 조건이 확립된다.

자정自淨 시간은 꽃 본연의 향과 맛이 제대로 발휘될 수 있도록 하는 일종의 숙성 기간이다.

꽃차도 하나의 음식이기 때문에 만들어서 바로 마시는 것과, 시간이 지난 뒤에 마시는 것이 차이가 있다. 김치도 만든 즉시 먹는 것과 숙성시켜 먹는 것의 차이가 있지 않은가. 꽃차도 바로 만들었을 때 맛있는 것이 있고 자정 시간을 두어야 맛이 좋은 것이 있다. 햇차는 맛이 산뜻하고 향이 가볍지만, 자정 시간을 충분히 둔 뒤에는 맛이 깊어지고 향의 여운이 남는다.

꽃차를 만들어서 바로 마실 때
향과 맛은 물 표면에서 나며 산뜻하고 가볍게 느껴진다. 색은 엷고, 여러 번 우렸을 때의 가감이 신속히 나오는 경향이 많다. 매화·제비꽃·머위꽃 등이 해당된다.

일차 일정 시간을 주었을 때
향과 맛은 물 중간에 위치하며 상큼하다기보다는 고혹적인 맛이 난다. 단맛이 많이 나고 여러 번 우려내도 찻물이 균일하게 나온다. 벚나무꽃·살구나무꽃·국화·구절초 등이 해당된다.

충분한 자정 시간을 주었을 때
향과 맛, 색이 완벽하다. 향은 물 깊은 데서 서서히 올라오며 본연의 맛이 느껴진다. 여러 번 우려도 맛과 향과 색이 균일하다. 목련·아까시나무꽃·장미꽃·백화차 등이 해당된다.

'꽃의 자정 시간'은 반드시 지켜져야 하는 과정은 아니며, 반대로 꽃을 잘 말렸다고 해서 마무리가 된 것도 아니다. '시간' 속에서 자연을 승화시킨다는 의미로 보면 이해될 것이다.

꽃차는 공기 중에서 산화 속도가 매우 빠른데, 습도·온도·햇빛에 주의한다. 습도가 높으면 세균·곰팡이·해충 등이 발생하고, 햇빛에 노출되면 꽃색이 바래고 성분 변화가 일어나므로 밀폐하여 습기가 없는 어두운 곳에 보관해야 한다. 온도가 높으면 방향성 정유가 휘발되는데, 특히 45℃ 이상의 고온에서 약효가 크게 감소한다. 꽃차는 색의 아름다움과 향기가 중요한 요소이므로 보관을 짧게 하는 것이 상식이지만 독 성분이 있는 것은 1년 이상 숙성시키는 것이 좋다.

친동적인 지연 재교 채취와 가공

채취하기

채취할 때는 먼저 사용 부위, 채취 시기, 채취 방법을 숙지해야 효능을 극대화할 수 있다. 약재 채취 방법을 기록한 국내 최초의 서적은 《향약채취월령鄕藥採取月令》(1431)이다.

나무껍질 _ 5월에 채취하는 것이 가장 좋다. 도구는 철로 만든 것을 사용해야 타닌tannin 성분으로 인한 피해를 줄일 수 있다.

뿌리·뿌리줄기 _ 뿌리와 뿌리줄기를 이용할 때는 영양소를 가장 많이 함유하고 있는 늦가을부터 이른 봄이 좋다.

잎 _ 성장이 가장 활발한 시기 즉 어린잎을 채취하는 것이 가장 좋다. 잎은 시기에 따라 만드는 법과 쓰임새가 다양하다.

열매 _ 성숙한 열매를 채취하되 지나치게 무른 것은 피한다. 미숙한 상태에서 성숙한 상태에 접어드는 것을 채취하여 사용해야 당도·향·맛·영양 면에서 최고를 만들 수 있다.

씨앗 _ 열매가 완숙한 것이 종자의 유효 성분 함량도 높고 채취하기도 쉽다.

전초 _ 꽃이 피기 시작할 때 채취해야 효능이 최고조에 달한다.

꽃 _ 꽃이 1/3쯤 핀 것이 최고이다. 어린 봉오리는 풋비린내가 나고, 개화한 것은 부스러져서 채취가 어렵고 약효도 감소된다.

만들기

나무껍질, 가지, 종자 그리고 과육이 두껍고 수분이 많은 열매는 햇볕에 말려야 광합성에 의해 약효를 극대화할 수 있고 부패를 예방할 수 있다. 그러나 꽃처럼 방향성 정유가 많고 가벼운 것은 25~30℃ 이하의 통풍이 잘되는 그늘에서 서서히 말려야 약효 성분이 휘발되는 것을 예방할 수 있다.

햇빛에 말리기 _ 건조하고 더운 계절이 적당하다. 뿌리껍질, 종자, 과실 등이 속한다.

그늘에서 말리기 _ 통풍이 잘되는 그늘에서 말리는 방법이다. 수분의 자연 방산을 유도하기 위하여 얇게 펼치거나 매달아 방향성 성분이 휘발되는 것을 최소화한다. 꽃이 해당한다.

수증기에 쪄서 말리기 _ 충해 예방과 장기 보관을 목적으로 하며, 중화시키는 효과가 있다.

덖기 _ 기름기가 없는 솥이나 냄비, 프라이팬에서 건조시키는 것을 말한다.

꽃차를 만드는 기본 방법

꽃을 차로 만들려면 하나의 식재료로 인식해야 하며, 식재료 고유의 성질과 특징에 따라 조리 방법을 달리해야 한다. 수용성과 지용성, 쓴맛이 강한 것과 내성이 강한 것, 영양 성분이 뛰어난 것 등 각각의 성질에 따라서 만드는 과정도 달라진다.

생으로 먹을 수 있는 꽃은 모든 방법을 다 적용할 수 있으며, 꽃차 만드는 과정에서 가장 중요한 것은 뭐니뭐니해도 '정성'이라 할 수 있다.

말리기

채반에 얇게 펴서 말리기

꽃이나 열매, 잎을 말릴 때도 요령이 필요하다.

1 채반을 바닥에서 띄운다. 꽃 중에서 매화, 아까시나무꽃·벚꽃·도화 등을 얇게 펴서 말릴 때는 채반이 바닥에서 떨어져야 바람이 잘 통하고 열이 분산된다. 바닥 표면에 닿는 부분 즉 꽃중심에서 생명력을 마지막까지 발산하므로 열이 가운데로 몰려 온도가 상승함으로써 습기가 생겨 부패하기 쉽다. 겉은 멀쩡해도 속은 썩기 좋은 상태이니 주의를 요한다. 말리는 꽃은 표면이 잘 마르는 듯해도 90% 이상 실패의 원인이 된다.

2 진딧물이 많은 꽃은 펼쳐서 반그늘에 노출시킨다. 찔레꽃은 진딧물이 유난히 많은 편이

다. 꽃을 채반에 펼쳐 놓고 반그늘에 놓아두면 진딧물이 가장자리로 나온다. 3~4시간 뒤에 보면 채반 가장자리에 점처럼 까맣게 죽어 있는 것을 볼 수 있다. 진딧물을 털어 낸 뒤에 찌고 말리는 단계를 진행해야 한다.

거꾸로 매달아 말리기

겹꽃이거나 꽃송이가 두껍고 꽃샘에 수분이나 꿀이 많을 때는 거꾸로 매달아 말리는 것도 좋은 방법이다. 예를 들어 장미·원추리·작약·해바라기 등 꽃이 두텁고 큰 종류는 줄기를 10cm 내외로 잘라 매달아 말리면 쉽게 마른다.

찌기 – 증제蒸製

'증蒸'이란 수증기로 꽃을 찌는 것이다. 꽃을 찌는 이유는 다섯 가지다. 1 살균, 2 정지, 3 익힘, 4 꽃가루 정리, 5 향기 포막. 그러나 모든 꽃을 동일하게 찌는 것은 아니고, 꽃잎의 수분량이나 꿀샘의 양에 따라 달리한다.

꽃을 찌는 이유

살균 _ 수증기로 꽃을 찌는 첫째 이유는 살균하기 위해서이다. 개화한 꽃을 씻으면 수술의 꽃가루가 씻겨 나가 향이나 맛이 영향을 받으므로 씻지 않고 차를 만드는 경우가 대부분이다. 이때 찌는 과정을 통해서 표면에 있는 잡균을 소독하는 효과를 볼 수 있다.

정지 _ 생육을 정지시키는 작업이다. 꽃은 본체에 붙어 있을 때는 자연스럽게 피어나지만, 꽃을 따는 순간 생명 보호 본능이 시작되어 남아 있는 수분을 동원하여 최고의 속도로 피어난다. 막 피어난 꽃을 따서 말렸더니 수술이 까맣게 된다든지 꽃잎이 떨어지는 현상이 그러하다. 수증기에 찌면 생명 연장 본능이 사라져 더 이상 피어나는 것을 막을 수 있다.

익힘 _ 생것 그대로 먹을 수 있는 꽃은 극히 적다. 대부분의 꽃은 익혀 먹어야 한다. 익힘은 꽃의 독을 영양으로 바꾸고 기능성 성분을 최대한 추출해 내는 과정으로, 맛을 부드럽게 하고 소화를 쉽게 한다. 익히는 시간은 꽃마다 다르며, 시간·횟수·방법 등에 따라 찻물의 추출량이 좌우된다.

꽃가루 정리 _ 꽃가루를 정리하여 모양을 단정하게 한다. 봄꽃 중에는 찌거나 덖거나 그 어떤 처리도 하지 않고 말려서 바로 사용할 수 있는 꽃이 있다. 일반적으로 꽃술의 암술과 수술은 이틀에 2만 배 정도의 증식이 이루어진다. 따라서 꽃가루를 남겨 두면 맛은 상관이 없지만 찻물의 색상이 탁해지고, 습기에 노출되었을 때 벌레가 쉽게 발생하는 원인이 되기도 한다.

향기 포막 _ 아까시나무꽃이나 골담초꽃 등 꿀샘이 많은 꽃을 말리면 꿀샘에 있는 꿀도 함께 마른다. 이때 꽃을 찌면 꿀 성분이 물줄기를 타고 꽃잎 전체로 퍼진다. 찻물을 우렸을 때 꿀이 꿀샘에 갇혀 있던 것과 꽃잎에 퍼져 있던 것은 맛의 차이가 크다. 찌는 과정에서 단맛을 최대한 끌어낼 수 있다.

증차의 장점과 단점

장점	단점
1 과정이 일반적이어서 대량 생산이 가능하다. 2 맛이 담백하고 평하여 대부분의 꽃차가 가능하다. 3 꽃잎의 수분, 형태, 맛, 색, 향을 유지할 수 있다. 4 파손을 최소화할 수 있다. 5 보관과 유통이 비교적 쉽다.	1 수분이 많은 꽃은 시들리는 과정이 필요하다. 2 꽃의 형태가 오므라들어 시각적인 아름다움이 반감된다.

증제하는 꽃차

증제하는 꽃차	
처음부터 쪄서 만드는 것	아까시나무꽃, 등나무꽃, 골담초꽃, 박태기나무꽃
50% 이상 수분을 없앤 뒤 찌는 것	도라지 꽃, 삼색제비꽃[팬지], 제비꽃
말려서 찌는 것	국화, 매화, 장미

꽃을 수증기에 찔 때 나누어서 쪄야 되는 이유

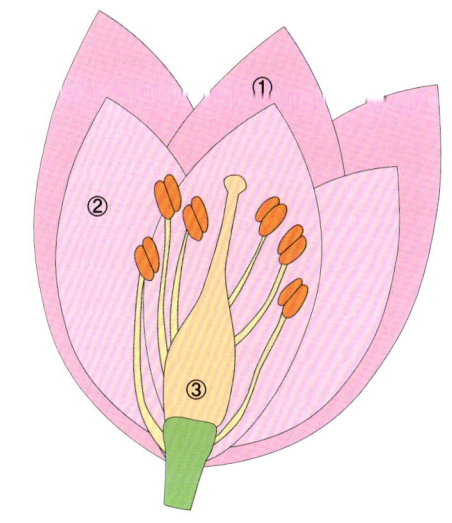

대부분 세 번가량 찐다. 첫 번째 찔 때는 보통 꽃의 경우 ① 부분까지 열이 전도된다. 처음부터 40초~1분간 한 번으로 찌면 ① 부분은 무르고 ③ 부분은 열이 전도되지 않아 중심에서부터 색이 변하고 향과 맛이 변한다. 그러므로 나누어서 찌는 것이 중요하다. 꽃 중심부가 두꺼운 것은 찌는 시간을 늘리는 것보다 횟수를 늘리는 것이 바람직하다.

첫 번째 _ 약 15초 내외로 쪄서 식힌다.

두 번째 _ 다시 찌면 ② 부분까지 열이 전도된다.

세 번째 _ 깊은 곳까지 열이 전도되면서 꽃잎도 무르지 않아 좋은 차를 만들 수 있다.

덖기

열을 이용하여 차를 만드는 것으로, 전열판·가마솥·바닥이 두꺼운 팬 등 다양하게 사용할 수 있다. 처음부터 열판을 이용하는 경우가 있고, 갈무리할 때만 사용하기도 한다. 전열판 온도를 높여서 익히고, 온도를 낮추어 식히기를 반복하여 만들 수도 있다.

녹차와 달리 꽃차를 덖을 때는 유념揉捻 과정이 없다. 손바닥으로 눌러 주는 압착 방법은 있지만, 녹차처럼 비비면 꽃잎이 손상되므로 주의해야 한다.

생화는 처음부터 전열판에서 익히기보다는 수분이 약 50% 정도 줄었을 때 시작하는 것이 좋다. 생화를 수증기에 일단 쪄서 약한 열로 말리는 방법, 말린 것의 잔여 수분을 없애는 방법으로 적당하다. 전열판보다는 증기에 찌는 것이 효과적인 꽃도 있다. 전열판 온도가 80℃가 넘으면 꽃잎이 타서 발암물질인 벤조피렌benzopyrene이 발생하므로 온도에 대해 세심한 주의가 필요하다.

기본적인 덖음 방법

갈고리손으로 덖기 _ 손을 갈고리처럼 모아 덖는 방법. 고마리 꽃의 형태를 보존하며 아린맛을 없앨 때 사용한다. 손가락을 밑으로 넣어서 살살 들어올리는 형태로 덖는다.

회오리 방법 _ 팬이나 솥에서 회오리가 이는 것처럼 시계 방향 또는 일정한 방향으로 돌려 가며 덖는 방법. 맨드라미의 경우 융모를 정리하고 타는 현상을 예방할 수 있다.

쥐락펴락하기 _ 손끝에 힘의 강약을 주어 꽃을 쥐었다 놓았다를 반복하는데, 한 방향으로 돌려가며 해 준다. 쑥꽃차를 만들 때 분을 만들어 향미를 더한다.

둥글리기 _ 손바닥으로 둥글리며 쥐어 주는 방법. 꽃의 형태가 정리되며, 향기는 모이고 수분은 날아간다. 야생 국화로 차를 만들 때 쓰는 방법이다.

손바닥 압착 _ 손바닥을 펴서 눌러 가며 덖는 방법으로, 불두화·작약 꽃 등을 차로 만들 때 쓴다.

굽기

굽는다는 것은 고기나 생선 굽듯 하는 것이 아니라, 볏짚을 태운 재의 온기로 말리는 것이다. 꽃을 굽는 목적은 첫째, 기능성을 보존하면서 독을 중화시키기 위함이고, 둘째, 보관을 쉽게 하기 위해서다. 흔히 구운 꽃은 귀한 약재로 사용되었는데 회화나무꽃·인동덩굴꽃·국화 등이 대표적인 에다.

굽는 꽃은 꽃봉오리를 원칙으로 한다. 굽는 과정에서도 꽃 모양이 흐트러지지 않고 여러 번 반복해도 성분이 보존되기 때문이다. 굽는 방법은 재의 온기를 이용하여 간접적으로 익히는 것과, 도자기나 전열판 등 열판 위에서 직접적으로 익히는 것이다.

재에 익히는 방법은 다음과 같다. 볏짚을 태워 붉은 불기운이 사라지고 검은 재만 남았을 때 두꺼운 한지로 꽃을 싸서 재 속에 묻어 놓는다. 일정 시간 뒤에 꺼내어 펼쳐서 골고루 섞어 다시 따뜻한 재에 넣고 빼기를 아홉 번쯤 하면 완전히 마른다. 이때 색이 까맣게 변하는 것이 있고, 본연의 색과는 약간 달라지지만 그런대로 색이 보존되는 것도 많다.

※ 도자기에 구워서 만든 꽃차는 쇠그릇이나 전열판 위에서 구운 것보다 맛이 은은하고 담백하다. 도자기는 온돌의 원리지만 온돌보다는 온도가 조금 높고(65℃~110℃ 정도) 회전하기 때문에 타지 않는 장점이 있다.

굽는 꽃차	
목적	꽃의 기능성 보존·보관성 상승
굽는 기구	재, 도자기, 쇠그릇(전열판)
적합한 꽃	약재로 쓰는 꽃 : 국화, 인동덩굴꽃, 회화나무꽃
장점	약성이 보존되고 맛이 좋다.
단점	과정이 번거롭다.

튀기기

튀긴다는 것은 순간적으로 끓는 물에 넣었다가 바로 식히는 것으로, '순간의 기회 포착'이라고 할 수 있다. 주로 가을 꽃을 튀기는데, 여름을 지나면서 꽃의 표면 덮개가 두터워진 것과 성분이 농축 된 것을 인위적으로 벗겨 내어 먹기 좋은 상태로 만드는 과정이다.

야생국화의 경우, 쓴맛이 많고 향도 강하기 때문에 쓴맛과 향을 동시에 빼서 순하게 만들어 주어 야 한다. 표면이 두꺼운 단풍잎을 재빠르게 데치면 찻물에 성분이 충분히 우러나온다.

선풍기나 부채를 이용하여 식힐 수도 있지만 찬물에 재빨리 식히는 것도 하나의 방법이다. 데치 는 것과 튀기는 것의 차이는 시간이다. 데치는 것은 끓는 물에서 2~3분 가량 위아래를 뒤집으면 서 균일하게 익히는 것이다. 반면에 튀기는 것은 끓는 물에 넣자마자 꺼내어 재빨리 찬물에 담그 는 것이다. 끓는 물에 오래 두면 꽃의 고유 성분과 색소가 손실되어 찻물이 제대로 나오지 않는다.

설탕이나 꿀에 재우기

꿀에 재울 때는 반드시 설탕으로 숨을 죽이는 과정을 거쳐야 한다. 옛날에는 대부분 약으로 사용 하기 위해 꿀에 재워 꽃잎의 약성이 녹아들게 하였다. 하지만 요즘은 눈으로 즐기는 아름다움을 중시하므로 설탕으로 꽃잎의 숨을 죽이고 꿀을 덧입혀 꽃의 형태가 보전되게 한다. 이렇게 하면 꿀의 향긋함을 즐길 수 있는 차가 된다.

꽃을 설탕으로 절일 때는 계절·온도·날씨의 영향을 받는다.

	봄	여름	가을	겨울
온도	15~20℃	25~30℃	17~24℃	-5~10℃
맑은 날	2~3일	1일	3~5일	5~10일
흐림, 비	3~4일	1~2일	5~7일	10~15일

설탕으로 절인 뒤 꿀을 넣는 비율은 대부분 1:1 또는 3:4 비율로 한다. 대체로 꿀의 함량은 30% 의 맑은 꿀이 적당하다.

설탕과 꿀의 단맛이 싫다면 끓는 물을 부어 바로 따라 버리고 두 번째부터 우려내어 마시면 말렸 을 때처럼 담백한 맛을 볼 수 있다.

'360° 회전 열반사식'이라고 설명할 수 있다. 전자레인지를 이용하면 짧은 시간에 간단하게 만들 수 있으며, 살균·살충 효과가 크다.

전자레인지를 활용하기에 좋은 꽃은 아까시나무꽃이나 골담초 꽃 등 꿀이 많은 꽃이며, 살균·살충을 목적으로 할 때 특히 좋다. 하지만 전자레인지는 환경호르몬을 발생시키고, 일부 꽃에만 쓸 수 있다는 것이 단점이 있다.

처음부터 전자레인지에 생화를 넣고 차를 만든다면 '데우기' 모드에서 시작하고, 바닥에 수증기가 없어지는 시점에서 해동으로 마무리해야 한다.

전자레인지는 회사별·크기별·생산 연도별로 열전도율과 온도, 기타 방식이 조금씩 다르므로 적은 양으로 테스트한 뒤에 사용하는 것이 좋다. 말린 것을 갈무리하는 경우라면 해동에서 시작하는 것이 좋다. 데우기 모드에서는 꽃잎이 타는 경우가 많고, 해동으로 여러 번 잔여 수분을 증발시키는 것이 바람직하다. 위생적이라는 장점과 전자파라는 단점을 동시에 갖고 있으므로 현대인에게 하나의 도구일 뿐이라고 여기고 사용하기 바란다.

전자레인지로 만들 수 있는 꽃차		
목적	살균·살충	
적합한 꽃	꿀이 많이 들어 있는 꽃	아까시나무꽃·등나무꽃·골담초꽃
	섬유질이 견고한 꽃	탱자나무꽃·복사나무꽃(도화)
장점	위생적이다.	
단점	전자파가 발생한다. 환경호르몬으로 인한 위험성이 있다.	

꽃 시럽은 맛이 달고 부드러워 어린이나 노인들이 좋아한다. 냉차로 만들어 마시면 독특한 향미가 일품인 청량음료가 된다. 처음부터 생화로 만들면 좋겠지만 생화 채취 시기를 놓쳤을 때 아쉬운 대로 이용할 수 있다.

밥통을 이용하여 중탕으로 만들 때

준비 재료 _ 마른 꽃 20g, 꿀(설탕 시럽) 100g

방법 _ 마른 꽃 20g을 밥통에 넣고 꿀 100g을 넣고 보온 상태로 약 3시간 정도 둔다. 꺼내어 실온에 약 일주일가량 두면 사용할 수 있다.

※ 꽃에 따라 중탕 과정 중 꽃잎이 녹는 것도 있으나 이용하는 데는 상관 없다.

꿀(또는 설탕 시럽)을 뜨겁게 하여 만들 때

준비 재료 _ 마른 꽃 20g, 뜨겁게 데운 꿀 또는 방금 만든 설탕 시럽 100g

꿀의 효능 _ 꿀은 고대 이집트에서는 가장 대중적인 약이었다. 동양에서도 불로강장약 · 만병통치약으로 인정받았다. 《동의보감》에서는 꿀에 대해, '백밀白蜜은 성질이 평平하고(약간 따뜻하다[微溫]고도 한다) 맛이 달며[甘] 독이 없다. 5장을 편안하게 하고 기를 도우며 비위를 보하고 아픈 것을 멎게 하며 독을 푼다[解]. 여러 가지 병을 낫게 하고 온갖 약을 조화시키며 비기脾氣를 보한다. 또한 이질을 멎게 하고 입이 헌것을 치료하며 귀와 눈을 밝게 한다.'라고 적고 있다.

꿀을 음식에 설탕 대신 사용할 때 _ 꿀을 설탕 사용량의 절반 내지 4분의 3만 사용해야 한다. 또 꿀에는 18%가량의 수분이 있으므로, 조리할 때 그만큼 액체 사용량을 줄여야 한다.

마른 꽃 20g에 뜨겁게 데운 꿀이나 금방 만든 시럽을 한 김만 나가게 한 뒤 뜨거울 때 붓는다. 이때 유리병이 깨질 수 있으므로 주의한다. 실온에 일주일가량 둔 뒤에 사용할 수 있다.

〈꽃차 도구〉

꽃차를 만들 때 필요한 것 : 대바구니 · 면보 · 한지 · 찜기 겸용 전열 기구 · 대나무집게

꽃차를 마실 때 필요한 것 : 대나무집게 · 거름망 · 유리다관 · 찻잔 · 다포

※ 꽃을 말릴 때 사용하는 전열기구에 대해서는 의견이 분분하지만 집에 있는 도구를 형편껏 이용하는 것이 좋다. 마른 꽃을 손으로 집으면 부서지고 변색되므로 섬세한 대나무집게를 이용해서 다관에 넣어야 한다. 꽃차는 향기와 함께 색을 중요시하므로 유리 다관이 어울린다. 개인 잔이나 나눔잔은 유리 재질이나 도자기 다 좋은데, 무늬가 없는 단색의 것이 색이 잘 표현된다.

꽃차의 색을 보존하는 방법

꽃차는 색이 매우 중요하지만 지나치게 색에 치중하다 보면 맛이나 향, 기능성을 잃어버릴 수 있다. 색, 향, 맛, 기능성을 갖추면서도 색이 아름다운 꽃차를 만들려면 다음 사항을 주의한다.

꽃은 고유의 색소를 가지고 있음을 인정한다

꽃은 눈에 보이는 색 외에 고유의 색소를 가지고 있다. 백목련을 차로 말리면 물을 들여 놓은 듯 노란색이 된다. 꽃이 수분을 머금고 피어 있을 때는 색소가 넓게 퍼져 있던 것이 말리면 색소가 응집되어 노랗게 보이는 것이다. 흰색 꽃은 대부분 노란색으로 변한다.

접시꽃은 거의 흰색에 가깝기 때문에 건조 후에도 흰색으로 나온다. 붉은색은 검붉게 나오고 분홍색은 진분홍 또는 보랏빛으로 나온다.

서두르지 않는다

꽃차는 자정 시간이 충분하지 않으면 향기가 나지 않거나 찻물 색이 우러나와도 맛이 없는 경우가 있다. 그리고 한두 번에 우러나오고 마는 경우도 있다. 꽃에 따라서는 만드는 기간이 10여 일 걸리는 것도 있다. 그런 꽃을 기계에 속성으로 말리면 향과 맛이 날아가 버리고 만다.

온도에 예민한 꽃을 파악한다

온도에 예민한 꽃은 만드는 과정을 소홀히 하면 색이 망가진다.

흔히 수국이라고 알고 있는 불두화佛頭花는 온도에 민감한 대표적인 꽃이어서 건조기에 말리면 끝이 빨갛게 타 버린다. 처음부터 수증기에 쪄서 말릴 때도 수증기 온도와 말릴 때의 온도 차이로 갈변이 일어난다. 따라서 먼저 말린 뒤에 찌는 것이 그나마 갈변을 최소화하는 방법이지만 이 방법도 온도의 차이로 인해 갈변할 수 있으므로 그늘에서 말려 그대로 사용하는 것이 가장 좋다.

이처럼 불두화는 생화를 채취하여 그대로 말려서 사용하는 꽃이므로 채취 방법이 매우 중요하다. 처음 꽃봉오리는 연녹색으로 맺혀서 개화할수록 눈부시게 하얘지고, 만개하면 꽃잎 가장자리가 말리면서 지저분해진다. 따라서 연녹색에서 하얗게 피기 시작하는 사이가 채취 적기이다. 이때 꽃을 채취하면 5월의 싱그러움이 느껴지는 향기와 맛을 낸다.

〈불두화(수국)〉

불두화는 연녹색에서 하얗게 변하기 전이 채취 적기이다.   불두화는 그늘에서 말려 그대로   잘 마른 불두화
사용하는 것이 가장 좋다.

목련 역시 갈변이 심한 꽃이다. 꽃잎이 두껍고 수분이 많아 손으로 살짝 만져도 흔적이 남는다. 꽃 채취 과정에서도 꽃송이끼리 부딪혀 갈변이 일어날 수 있다. 그래서 채취할 때는 반드시 장갑을 끼고 꽃 밑부분은 상처를 입히지 않도록 전정 가위로 다듬어 담는 것이 좋다. 말릴 때는 열의 분산을 위해 뒤집어서 말리며 공중에 띄워 말려도 좋다.

목련을 말릴 때는 온도 변화가 일어나지 않도록 해야 한다. 고온에서 말리면 색상은 예쁘지만 독성이 중화되지 않으므로 40℃ 내외의 온도에서 말리는 것이 좋다. 참고로, 동결 건조한 것은 차로 우려먹을 수 없으며, 저온에서 말리면 갈변 확률이 80% 이상 된다.

〈목련〉

백목련 꽃봉오리   백목련 꽃봉오리 마른 것   백목련 잘 마른 상태   갈변한 목련꽃

공기 변화가 적은 장소 한 곳, 예를 들면 작은방을 정해서 전기 매트를 펴고 말리는 방법도 좋다. 전기 매트의 온도는 중간 단계가 적당하며, 매트 위에 면 보자기나 종이를 간 뒤 그 위에 꽃을 엎어 놓고 한지를 이불 덮듯 덮어 준다. 꽃의 중심부가 두꺼워서 제대로 마르지 않으므로 분리하여 말리는 것도 한 방법이다.

꽃차 마시는 방법

꽃차를 마실 때는 먼저 눈으로 즐긴 다음 코로 즐기는 과정을 거치게 된다. 꽃차는 향차인 만큼 시각과 후각을 거쳐 마지막으로 미각으로 돌아가는 매력이 있다.

코로 향기를 음미하다 보면 꽃잎이 하나둘씩 밑으로 가라앉는다. 이때 혀끝으로 가져가면 된다. 혀끝을 통해 온몸으로 향기 퍼져나가면 기분이 상쾌해지고 마음까지 아름다워지는 기분이 든다.

맨처음 꽃차를 우릴 때는 화려함으로 마시고,
두 번째는 그윽함으로 마시고,
세 번째는 빛바랜 아름다움으로 마신다.
네 번째는 순수함으로 마시고,
마지막으로 자연이라 생각하고 마시게 된다.

그러니 단 한 번만 마시는 데 그치지 말고 물을 여러 번 부어 꽃이 변화하는 과정과 다양한 맛을 경험하길 바란다.

첫째는 눈으로
둘째는 코로
셋째는 혀로
넷째는 몸으로
마지막으로 마음으로 마신다.

물을 끓인다

자연수나 정제수를 3분 이상 충분히 끓여서 사용한다. 기본적으로 꽃차를 우릴 때 물의 온도는 100℃이다.

다관에 꽃을 넣는다

유리 다관(200㎖ 기준)에 꽃을 적당량 넣고 작은 파장을 이용하듯 원을 그리며 물을 따른다.

꽃의 숙성에 맞게 우려낸다

꽃에 따라 30초에서 1분 이내에 우려내어 첫잔을 마시고 두 번째는 조금 짧게, 세 번째는 다시 처음처럼, 네 번째부터는 시간을 충분히 주어 우려내어 마신다.

예) 목련 꽃봉오리 한 개 200㎖ 다관

첫 번째 40초 → 두 번째 30초 → 세 번째 40초 → 네 번째 1분 → 다섯 번째 2분

모든 차는 차 맛이 가장 좋은 물 온도가 있다. 찻물의 온도는 꽃의 화사함과 향, 맛을 결정하는 매우 중요한 요소이다. 꽃은 '톡' 하고 피어나서 '툭' 하고 진다.

첫 번째 _ 꽃차를 우릴 때 물의 온도가 100℃가 되면 마치 꽃이 톡 하고 피듯이 화사하고 향기롭게 피어난다. 꼼지락거리며 기지개를 펴는 어린아이처럼 생동감 있는 모습도 보인다. 하루의 피곤함을 내려놓은 듯한 온화함과 편안함도 느껴진다.

두 번째 _ 특별한 향을 느끼고 싶거나 색을 진하게 느끼고 싶다면 최소한 찬물에 6시간 이상 담가 놓는다. 그러면 색과 향기가 짙어진다. 이때 찬물의 온도는 15~20℃가 적절하다.

세 번째 _ 냉침이라 할 수 있는 0℃의 물을 넣고 우리는 방법이다. 시간은 오래 걸리더라도 차의 종류에 따라 색다른 맛을 나타낸다. 보통 시작은 24~72시간을 거쳐 추출된다.

물의 온도는 100℃가 되어야 한다

꽃차는 녹차와 달리 물이 뜨거워야 꽃이 피어
난다. 따라서 자연수를 10분 이상 끓인 뒤 식
히지 말고 바로 부어 1분 이내로 우려내서 마
시는 것이 바람직하다.

물은 원을 그리듯 붓는다

물을 부을 때는 녹차처럼 한곳에 가지런하게
붓는 것이 아니라 중심을 가지고 원을 살짝 그
리면서 따라야 한다. 꽃은 무게가 거의 없어
서 한곳에만 물을 따르면 다관 가장자리에 있
는 꽃은 젖지 않고 떠올라 버린다. 그러므로
파장을 이용하여 물을 따라야만 꽃잎이 뜨거
운 물과 하나가 되어 꽃을 피우기 시작한다.

적은 양을 사용한다

꽃차는 녹차와 달리 생화를 말리면 부피나 무게가 현저하게 줄어들고 향까지 있으므로 적은 양을
사용해야 한다. 부피가 적은 듯해서 많이 넣으면 향이 짙다 못해 약에 가까운 쓴맛이 나므로 가급
적 엷게 마시는 것이 좋다.

우려내어 바로 마신다

꽃차는 향을 중요하게 여기는 차다. 오래 우리면 향이 진해져서 거부감이 생기므로 빨리 마시는
것이 좋다.

절임차는 두 번째 찻물부터 마신다

꿀절임차인 경우 단맛이 싫다면 끓는 물을 부어 바로 버리고 두 번째부터 천천히 우려 마신다.

끓는 물 100°C에서 색소가 100%로 추출되어 나오는 것

진달래꽃 _ 100°C의 물을 붓고 약 30초 내외로 짧게 우려도 찻물이 우러난다. 두 번째는 약 40초, 세 번째는 1분 정도면 분홍색 꽃잎이 하얗게 변한다. 꽃잎의 색소가 다 용해되기 때문이다. 이러한 꽃을 처음부터 수증기에 찌면 탈색이 되기도 한다.

등나무꽃 _ 찻물에 안토시아닌 색소가 그대로 추출되어 나온다.

칡꽃 _ 처음에는 진한 코발트 색으로 우러나고 두 번째는 연해지고 세 번째는 타닌 성분이 우러나온다.

맨드라미 꽃 _ 대부분 하얗게 변한다. 맨드라미꽃은 증류수에 추출된 후 하얗다기보다는 화색된 모습이 아름답지 못한 꽃이다. 화려한 첫인상에 비해 뒷모습은 초라하다.

끓는 물 100°C에서 색소가 반점으로 남는 것

이른 봄 삼색제비꽃으로 불리는 팬지는 첫 번째 약 30초 이내로 우려내면 음식을 튀길 때 튀김옷의 부풀림 현상과 같이 꽃잎에 하얀 부풀림 착시 현상이 나타난다. 이것은 두 번째에 확연히 차이가 나며, 세 번째 우리고 나면 검은색 반점이 남는 것이 특징이다. 물론 팬지 종류에 따라 다소 차이는 있지만 대표적으로 노란색과 보라색 팬지가 여기에 해당된다.

가을에는 코스모스가 재미 있다. 본래의 아름다운 색과는 달리 찻물은 노란색이 되고 꽃잎에는 검은 반점이 남아 버린다. 완전히 새로운 모습으로 찻물을 장악한다.

꽃이 원래의 색을 유지하고 있는 것

목련은 몇 번을 우려마셔도 그대로의 색을 가지고 있다. 찻물의 농도가 변할 뿐 꽃잎의 색은 보존된다. 여기에 해당하는 꽃은 국화 · 매화 · 차나무꽃 등이 있는데, 주로 여러 번 우려내어 마셔도 변함이 없다.

대부분은 첫 번째에 해당하겠지만 특별하게 두 번째에 해당되었을 수도 있고, 고고하게 세 번째에 해당될 수도 있다.

〈꽃의 맛과 건강 작용〉

맛	내용
매운맛	체열을 상승시키면서 오한과 함께 오는 열을 내리며, 혈액순환 개선, 기를 원활하게 하며 혈압을 높이는 효과가 있다. 즉 기분 전환 및 스트레스 완화 효과가 있다. 목련 · 박하 · 배초향 · 향유
단 맛	보임 작용과 해독, 지통 등의 효과가 있다. 골담초꽃 · 아까시나무꽃 · 유채꽃
신 맛	수렴성이 강하고 수출력이 있어 지사 지혈 효과가 있다. 오미자 · 산수유 · 탱자
쓴 맛	해열 · 건위 · 소염 작용이 있다. 머위 · 야생국화 · 구절초
짠 맛	기운을 내리고, 신장의 기능을 강화하며 단단한 덩어리를 풀어 준다. 망초
담백한 맛	이뇨 작용이 있어 부종을 없앤다. 아까시나무꽃 · 개나리

계절별 꽃의 특징과 대표적인 꽃 활용법

 봄

따뜻한 햇살, 아지랑이 오르고 물 흐르는 소리가 들린다. 긴 겨울잠을 깨고 나오는 시기이기도 하다. 이 시기에는 꽃들이 땅속 온기를 그대로 빨아올려 꽃을 피우므로 향이 진하고 꽃봉오리를 보호하기 위해 솜털 옷을 입고 나오는 것이 많다. 목련이나 복수초는 융단처럼 매끄러운 보호막으로 둘러싸여 살포시 고개를 든다. 꽃들이 하품하며 기지개 펴는 소리로 왁자지껄하다.

봄에 피는 꽃들은 대부분 꽃잎이 여리고 얇기 때문에 그대로 먹어도 되는 것이 많다. 진달래 · 민들레 · 팬지 · 한련화 · 유채꽃 등 흔히 볼 수 있는 꽃들은 과다 섭취만 아니라면 나물 · 샐러드 · 화전 등으로 다양하게 조리해 먹을 수 있다. 사각거리는 질감과 쌉쌀한 맛, 진한 향기는 춘곤증과 황사로 인한 피해를 줄여 준다. 봄의 대표적인 꽃인 복사나무꽃과 살구나무꽃, 벚나무꽃은 봄볕 자외선에 손상될 수 있는 피부를 보호해 준다.

제철에 피어나는 꽃과 잎, 뿌리, 열매를 이용한 계절 음식으로 우리 집 식탁에 화사한 봄을 한 상 가득 차려 보자.

골담초

맛이 달고 성질이 따뜻하다. 씹으면 꿀이 터지면서 아삭거리는 질감이 좋아 생꽃을 그대로 사용하는 것이 좋다. 꽃샐러드 · 꽃비빔밥 · 채소겉절이 · 주먹밥 · 김치 · 떡 · 젤리 · 푸딩 등 쓰임새가 다양하며 술을 담가도 좋다. 사포닌류 · 전분 등이 들어 있으며, 체력을 과다하게 소모해서 일어나는 발열과 해수, 두통, 어지럼증에 효과가 있다.

금잔화

맛은 달고 성질이 평하다. 생꽃으로 이용할 수 있어서 샐러드나 꽃비빔밥에 주로 사용하며 씹히는 느낌이 좋다. 달콤한 맛이 우유를 섞은 듯 부드럽고 색이나 풍미를 더해 준다. 찹쌀풀을 입혀 튀김이나 부각을 만들어도 좋고, 김밥을 싸도 예쁘고 맛있다. 해독·해열·이뇨 작용을 한다.

머위

맛은 맵고 쓰며 성질은 따뜻하다. 머위꽃은 장아찌·나물·국·차의 재료로 쓰이며, 꽃을 말려 두었다가 여러 가지 음식에 조미료로 사용한다. 캠페놀·고미질·정유·포도당·안젤릭산·타닌·사포닌 등을 함유하고 있어 식욕 증진과 거담의 목적으로 사용된다.

목련 꽃

맛은 맵고 성질은 따뜻하다. 목련 꽃은 차·술·나물·샐러드 재료로 쓰이며, 설탕이나 꿀에 재워 시럽을 만들어 음식에 사용한다. 나물은 별다른 양념을 하지 않아도 감칠맛이 난다. 꽃을 말려서 가루를 만들어 향신료로 사용해도 좋다. 백목련과 자목련 꽃봉오리 모두 '신이辛夷'라고 하여 한방 에서 약재로 사용하는데 주로 축농증·코막힘·두통에 사용한다. 집중력이 떨어지는 것을 예방하 는 효과가 있다.

민들레

맛이 쓰고 달며 성질이 차갑다. 꽃 샐러드에 가장 잘 어울리는 꽃이며, 차·술·효소 발효액·장 아찌 등의 식재료로 폭넓게 응용한다. 생꽃으로 화전·부각·튀김도 만들어 먹을 수 있다. 질긴 생명만큼 효과도 크다. 이눌린·펙틴 등을 함유하고 있어 소화불량이나 변비 개선에 도움이 되며 소염·이뇨 작용이 있다. 항암 효과가 검증되면서 환이나 약으로 사용하는 이도 많다.

복사나무꽃[도화]

맛은 쓰고 성질이 평하다. 도화는 차·술·떡에 주로 이용하는데, 특히 삼월삼진날 꽃을 따서 빚 은 도화주는 일년 내내 악귀와 만병을 물리친다고 전해진다. 복사나무꽃은 생꽃을 쓰기보다는 말 려서 다시 끓는 물에 우려내어 사용하는 것이 바람직하다. 배당체인 캠페롤이 들어 있어서 이뇨 제·완하제로 사용한다. 피부 미용과 변비에 그 효과가 두드러지게 나타난다. 혈색을 좋게 해 주 며 어혈를 풀어 주고 진통 작용을 한다. 운동량이 적어 몸에 순환이 원활하지 못할 때 도움을 주는 꽃이기도 하다.

삼색제비꽃[팬지]

맛은 달고 성질이 평하다. 꽃 모양이 앙증맞고 색상이 화려한 매력덩어리 꽃이다. 꽃사탕·초무 침·꽃빵·한천젤리·비빔밥·샐러드 등 다양한 요리에 생꽃을 이용한다. 관절염·류머티즘·

골담초꽃 　　　　 목련꽃 　　　　 머위꽃 　　　　 민들레꽃

복사나무꽃 　　　　 아까시나무꽃 　　　　 유채꽃 　　　　 진달래꽃

방광염 · 기관지염 등에 효과가 있다. 제비꽃의 일종으로 품종도 다양해서 활용도가 매우 높다.

아까시나무꽃

맛은 달고 성질이 평하다. 꽃샐러드나 꽃얼음 재료로 좋으며, 부각이나 밀전병도 별미이다. 하얀 꽃차는 맛이 달고 향기가 매우 좋으며, 꽃술도 사랑받는 가양주 가운데 하나다. 신장염 · 방광염 · 기침 · 기관지염에도 두루 쓰여 왔다. 어린잎은 과잉 반응을 일으킬 수 있으므로 주의한다.

유채꽃

맛이 맵고 성질이 시원하다. 말려 두었다가 요리하면 맛이 달고 부드러워 혀끝에 감긴다. 생꽃으로 샐러드나 무침을 해 먹는데, 봄나물과 함께 생꽃을 씹는 촉감이 달고 맛있다. 김치에도 많이 사용한다. 비타민 A · B · C와 칼슘, 철분, 칼륨을 많이 함유하고 있어 면역력을 높여 주고 빈혈을 예방한다. 눈을 밝게 하고 독毒을 차단하며 지혈 작용이 있다.

진달래

맛은 달고 성질은 평하다. 화전 · 화채 · 차 · 떡 등 주로 음식을 먹고 난 뒤의 후식으로 이용되어 왔다. 가래 · 기관지천식에 좋은데, 잎이 나오기 전에 채취하여 꽃술을 떼어 내고 사용하는 것이 바람직하다. 이뇨 작용이 있으며, 혈압 강하 및 어혈 개선에 쓰인다. 감기로 인한 두통을 치료한다. 소량의 독을 가지고 있으나 생꽃으로 먹는 경우는 많지 않으므로 걱정할 필요는 없다.

여름

날씨가 점점 뜨거워진다. 봄 꽃에 비해 여름 꽃은 생것을 그대로 사용할 수 있는 것이 제한되어 있다. 뜨거운 태양과 맞서야 하므로 꽃잎도 두꺼워지고 색도 진하고 크기도 커지는 것이 특징이다. 곤충과 벌레들의 활동이 왕성해져서 꽃 속에 곤충과 벌레 알이 많아진다. 그래서 꽃송이 전체보다는 꽃잎을 분리하고, 말리거나 데쳐서 사용하는 것이 바람직하다. 열심히 일하고 잠시 나무 그늘에 앉아 바람을 부르면서 향기를 느끼는 계절. 찔레꽃이나 장미 등 친숙한 꽃이 피어난다.

박태기나무꽃처럼 버선 모양의 꽃은 생으로 먹어도 괜찮다. 달고 향긋한 아까시나무꽃, 부드러운 질감의 골담초꽃, 신맛이 나는 박태기나무꽃, 쌉싸래한 등나무꽃, 고추냉이 맛이 나는 탱자나무꽃을 섞어 꽃샐러드를 만들면 천상의 맛이 난다. 이 밖의 꽃은 생식을 피하는 것이 좋다. 더운 여름날 등황색 원추리를 넣어 밥을 짓고 꽃샐러드에 맑은 물김치를 곁들이면 뜨거움을 피할 수 있다.

백합

맛은 달고 성질은 차다. 꽃술을 떼어 내고 사용하는 것이 바람직하다. 뿌리는 머핀·꽃사탕·튀김·구이·죽·스프 등을 만들어 먹는다. 향이 감미로워 최상의 요리를 만들어 낼 수 있다. 전분·단백질·지방·당·칼륨 등이 함유되어 있다. 진해·강장·진정 작용을 하며, 항알레르기 및 항산화 작용 등이 입증되었다.

양하

맛은 맵고 성질은 따뜻하다. 양하는 주로 나물볶음·장아찌·튀김·전 등에 사용한다. 생꽃은 나물볶음이나 전을 만들어 먹으며 나머지는 장아찌를 담가 두었다가 일본 요리에 사용한다. 생리불순과 백대하를 개선하는 효과가 있으며, 진해·거담 작용을 하므로 노인성 해수와 천식에 좋다. 혈액대사를 활성화하고 어혈로 인한 동통과 순환장애를 개선한다.

연꽃

맛은 달고 성질은 따뜻하다. 연꽃은 차나 술, 고기요리와 잘 어울리며 나물로 먹기도 한다. 부부의 사랑을 돈독히 하는 차로 사랑 받고 있다. 불면증 개선, 해열·해독 작용 및 혈압을 지속적으로 내리는 작용을 한다. 마음의 불안함을 해소하는 효과가 있다.

| 양하꽃 | 연꽃 | 원추리꽃 | 잇꽃 |
| 장미꽃 | 해당화 | 해바라기꽃 | 호박꽃 |

왜당귀

맛이 달고 매우며 성질이 따뜻하고 향이 달콤하여 여성에게 특히 좋다. 차·술·튀김·장아찌로 이용한다. 가루를 내어 설기떡에 섞고, 각종 음식의 향신료로 사용한다. 고기 요리에 넣으면 잡냄새를 제거할 수 있다. 보혈·진정 효과가 있고, 불면·신경과민·히스테리·정신이 불안할 때 안정감을 준다. 비타민·철분·칼슘 등을 함유하고 있어 빈혈 예방이나 피로 해소 효과가 있다.

원추리

맛은 달고 성질은 서늘하다. 원추리꽃은 밥이나 차로 주로 사용하며, 나물이나 탕에도 쓰인다. 원추리꽃을 생으로 사용할 때는 수술을 떼어 버리고 사용하는 것이 좋으며, 말려서 사용하는 것은 수술이 있든 없든 상관없다. 히드로옥시글루타민산 등이 들어 있어 해열·이뇨 효과가 있다. 지혈작용이 있어 코피가 날 때도 효과를 볼 수 있다.

잇꽃[홍화]

맛은 맵고 성질은 따뜻하다. 코끝에 느껴지는 향은 퀘퀘하고 맵지만 혀에서 느껴지는 맛은 달고 따뜻하며 담백하다. 잇꽃은 부침이나 고명으로 많이 쓰이는데 밥이나 김치, 차, 술, 부각, 튀김 등 다양하게 사용되고 있다. 생꽃보다는 말린 것을 사용하는데 실고추 대신 사용되기도 한다. 혈관 확장 작용을 하며 각종 부인병에 효과가 있다. 특히 통경약으로 효험이 있는 것으로 알려져 있다.

장미

맛은 달고 성질이 따뜻하다. 품종이 다양하며, 쓴맛이 나는 것도 독이 없다. 꽃잎을 주로 사용하고 전체를 사용할 때는 말린 꽃을 다시 끓는 물에 삶아서 사용하는 것이 좋다. 장미는 시럽이나 가루를 만들어 다양한 요리에 조미료(첨가제)로 이용되며 향이 좋아 각종 서양요리에도 쓰인다. 기를 다스리고 가슴이 답답한 증세를 풀어 주며 피를 고르게 하고 멍을 없애 준다. 여름에 열독으로 인한 토혈, 이질과 설사를 개선하는 효과가 있으며, 구갈 해소에도 도움이 된다.

한련화

맛은 달고 평하며 독은 없다. 주로 꽃비빔밥·스테이크·샐러드·꽃빵·스프 등에 이용된다. 씹으면 아주 두껍지 않은 감촉도 좋고, 어릴 때 손톱을 물들일 때 한련의 잎으로 싸 주었던 기억도 있다. 색상이 화려해서 많은 사랑을 받고 있지만 꽃잎만 사용하는 것이 바람직하다. 소염 작용이 있어 안구 충혈과 동통을 개선한다.

호박꽃

맛은 달고 성질은 따뜻하며 독이 없다. 생꽃으로 사용하기보다는 찜·구이·나물·튀김을 만들어 먹는다. 호박꽃 속에 각기 다른 재료를 넣어 호박꽃 탕수를 만들기도 한다. 생꽃으로 보쌈을 만들어 익혀서 먹기도 한다. 단맛이 많고 호박 특유의 구수한 향이 입안 가득 풍기는 매력 만점의 꽃이다. 당뇨 개선 및 이뇨 작용이 크다.

해당화

맛은 달고 쓰며 성질은 따뜻하다. 해당화색반·꽃말이를 만들고, 가루 내어 여러 음식에 조미료로 사용했다. 술이나 차로도 많이 이용되는데, 생꽃보다는 말린 것을 사용하는 것이 바람직하다. 방향성이 높아서 간이나 위의 기능 감퇴로 인한 흉복부의 아픈 증상을 해소하고, 타박상으로 인한 어혈을 풀어 주며 생리불순을 개선한다. 당뇨병 치료제로도 쓰이는데 근본적인 치료제는 아니다.

해바라기꽃

맛은 달고 성질은 따뜻하다. 꽃잎만 떼어 내어 해바라기 주먹밥을 만들고, 꽃 전체를 말려 꽃차를 만들어 마시며, 꽃송이를 통째로 말려 잘게 가루 내어 각종 요리에 향신료로 사용하기도 한다. 고혈압·혈압으로 인한 두통, 어지럼증, 여름 감기 기운을 완화하는 효과가 있다. 해바라기는 지방유 50% 내외로, 그중 리놀레산(limoleic acid)이 70% 함유되어 있고, 인지질과 베타시토콜레스테롤(β-sitosterol) 등이 함유되어 있다.

가을

뜨거운 여름을 지나고 이미 대지는 식어 가고 있다. 마지막 남은 열기를 모아 꽃을 피우는데 하늘에서 식히는 찬 공기와 만나 피어나므로 꽃잎이 여린 듯하나 두껍고, 꽃심도 튼튼하다.

파란 하늘과 잘 어울리는 붉은 맨드라미꽃전이나 노란 국화전은 가을 정감을 듬뿍 내뿜는다. 곡식이 익는 시기이므로 들깨 꽃송이나 쑥꽃으로 튀김이나 부각을 만들어 먹고 배초향처럼 향이 짙은 꽃을 준비하여 몸을 따뜻하게 한다.

이유 없이 마음이 가라앉는 사색의 계절에 향기 좋은 튀김을 해 먹거나 추어탕에 배초향 가루를 넣어 먹는 등 몸을 관리해 주는 요령이 무엇보다 필요하다. 여름까지도 땅속은 미처 데워지지 못했다. 가을에 이르러서야 비로소 땅속이 따뜻해지기 시작한다. 차가움과 따뜻함이 만나는 시기라 꽃도 향이 맑고 깨끗한 것이 대부분이다. 그래서 떡을 만들어 몸을 보호하는 습관이 생기기도 했다. 가을에는 여름철 땀으로 빼앗긴 몸을 보충하고 더위로 빼앗긴 기를 보충하는 식품이 도움이 된다. 가을을 잘 관리하면 겨울을 따뜻하고 건강하게 지낼 수 있다.

구절초

맛은 쓰고 성질이 차다. 주로 차나 술, 떡이나 죽 등을 만들어 먹으며, 말려서 가루 내어 향신료로 사용하기도 한다. 풍병·부인 냉병·위장병·생리통·소화불량을 개선한다.

국화 - 감국

맛은 달고 쓰며 성질은 차다. 국화는 차를 기본으로 하며, 술을 담그기도 하고, 떡·죽·볶음·탕 등 다양한 요리에 이용된다. 꽃얼음을 만들어 사용하기도 한다. 열을 내리고 간을 편안하게 하며 눈을 밝게 해 주며, 두통·발열·어지러움 및 눈이 충혈되었을 때 효과가 있다. 입냄새를 없애 주며 불면증을 개선한다.

산국

감국과 같은 성분을 가지고 있으나 쓴맛이 강하므로 시럽을 만들어 사용한다. 농축액을 만들어 사용하면 좋다. 산국주는 향이 감미로워 몸을 보호하는 데 좋은데, 생꽃으로 담는 것보다는 이슬을 맞혀 말린 꽃으로 담그는 것이 부드럽다. 감국과는 달리 산국은 생꽃으로 먹지 못한다. 익혀 먹어도 그 맛과 향이 진하므로 소량씩 사용하도록 한다.

| 구절초꽃 | 감국꽃 | 산국꽃 | 맨드라미꽃 |

맨드라미

맛은 달고 성질은 서늘하다. 맨드라미꽃은 꽃 전체를 사용하는 화전을 제외하고는 주로 시럽을 만들어 음식에 첨가한다. 생꽃을 넣으면 풋내가 나므로 한 번 말려서 사용하는 것이 좋다. 화전·물김치·떡·술·차 등에 다양하게 사용된다. 꽃을 비롯한 전초를 말려 두었다가 목욕제로 사용하기도 한다. 지혈 작용을 하므로 월경 과다·자궁 출혈에 효과가 있다. 민간에서는 오십견이 생겼을 때 맨드라미차나 맨드라미술을 마신다.

겨울

따뜻한 아랫목과 훈훈한 마음을 표현할 수 있는 계절로, 해가 바뀌고 달이 바뀌고 나이를 먹고 많은 변화가 있는 것처럼 보인다. 그래서 더욱이 꽃이 필요한 계절이기도 하다. 만남과 헤어짐, 화해와 협력, 사랑과 이별 등에는 보는 꽃만 아니라 식탁에서 우리를 즐겁게, 부드럽게, 따뜻하게 해 줄 꽃이 필요하다.

뱃고동 소리 가슴 울리는 동백꽃, 눈 속에 피어나는 매화, 제주에서부터 피어 뭍으로 오는 수선화 등 스산한 들판에 피어나 뜻함을 듬뿍 안기는 꽃으로 여러 가지 음식을 만들어 먹는다. 동백꽃설기·매화죽·수선화차 등 심신을 단련시킬 수 있는 음식으로 만들어 먹는다. 움직임이 둔화되는 계절에 꽃 요리는 몸의 순환을 원활하게 하여 활력을 찾게 할 것이다.

동백

맛은 달고 쓰고 매우며 성질은 서늘하다. 주로 차·술·전·나물·떡 등을 해 먹는다. 겹꽃은 화전·꽃 비빔밥·샐러드에 이용한다. 붉은색과 단맛이 잘 어우러지는 꽃이다. 안토시아닌·오이게놀 등을 함유하고 있어 자양강장과 면역력을 증강시키며 타박상으로 생긴 어혈을 치료하는 효

| 동백꽃 | 매화 | 매화 – 홍매 | 백화 |

과도 있다.

매화

맛이 떫고 쓰고 신맛이 있으며 성질이 평하다. 주로 차·술·죽에 사용하며, 매화편·젤리·화전 등을 만들어 먹기도 한다. 생꽃보다는 냉동해 두었다가 쓰거나 말린 꽃을 물에 불려서 사용하는 것이 바람직하다. 매화 효소 발효액을 만들어 사용하는 것도 좋다.

　매화는 신경과민으로 가슴이 답답할 때 소화가 잘 안 되며 목에 이물질이 걸려 있는 듯한 증상에도 효과가 있다. 신체 면역 기능을 증강시키고 항균 작용을 한다. 주석산을 함유하고 있어 해독·거담 작용을 하고, 위장통을 완화한다.

백화

맛은 달고 성질은 평하다. 백화는 1백여 가지의 꽃을 배합하여 만든 것으로, 주로 술을 빚거나 차로 음용하며 가루를 만들어 떡에 넣어 먹기도 하고 고기 요리할 때도 사용한다. 고기의 누린내를 없애주고 육질을 연하게 해 준다. 주로 각종 비타민과 미네랄을 함유하고 있어 면역력 증강, 자양강장, 피로 해소 효과가 크다. 특히 정기 강화에 좋다고 한다.

꽃차의 산업화 및 발전 방향

지금까지 꽃은 주로 관상용으로 이용되어 왔다. 꽃의 향기와 아름다운 색은 인간의 정서에 긍정적인 영향을 미치고 문화를 풍성하게 하는 요소로서 인류와 역사를 함께 해 왔다.

현대 과학의 발달로 영양성분과 기능성 성분 등이 속속 밝혀지면서, 식품으로 활용하는 방안이 구체적으로 마련되고 있다. 실제로 한방에서는 꽃을 약으로 이용한 예가 많으며, 전통 음식 중에도 꽃을 고명으로 쓰거나 천연색소로 활용한 경우가 많다.

지금까지 관상용으로 재배한 꽃은 살충제 과용 등의 문제점을 가지고 있었다. 식재료로서의 꽃의 기능에 초점을 맞추어 재배에서부터 가공, 유통까지 관심을 갖는다면 보다 많은 발전을 이룰 수 있으리라 생각된다.

산업화 성공의 예 - 삼색제비꽃(농림수산식품부 3월 보도자료 참조)
'팬지'로 더 잘 알려진 삼색제비꽃은 관상용으로는 물론 식용의 측면에서도 산업화에 성공한 대표적인 꽃이다.

관상 가치 _ 이른 봄 앙상한 화단을 보라색 · 노란색 · 흰색 등의 다양한 색과 앙증맞은 생김새로 운치 있게 장식한다. 추위에 강하고 환경오염이나 건조한 기후에도 잘 적응하므로 도시의 도로변 화단을 가꾸는 데 꼭 필요한 원예 자원이다.

삼색제비꽃의 성분 _ 식용으로 개발된 삼색제비꽃에는 항산화성분인 폴리페놀과 플라보노이드 성분이 일반적인 채소와 과일의 10배 이상 되는 것으로 밝혀졌다. 폴리페놀 성분은 노화 속도를

〈다양한 품종의 삼색제비꽃〉

늦추고, 뇌질환을 예방하는 효과가 있으며, 플라보노이드 성분은 심혈관 질환·만성 염증·암 등을 예방하고 개선하는 효과가 있다.

식용 범위 _ 꽃차는 물론 꽃샐러드·비빔밥·케이크·꽃사탕 등 다양한 음식의 소재도 활용되고 있다.

삼색제비꽃 초화의 생산 동향 _ 2012년에는 생산 면적 27.1ha에 생산액 194억 원이었던 것이 2014년에 생산액은 300억 원에 이르렀다. 향후 6년 안에 600억 원에 이를 것으로 추산된다.

지역별로 주목해 볼 만한 꽃

〈지역별 대표적인 꽃〉

개나리

구절초

회화나무꽃

석산

지역(시도)	대표적인 꽃
강원도	참당귀(강원도), 칡꽃(원주 치악산)
경기도	개나리(경기도), 체꽃(용인)
충청북도	함박꽃(소백산), 생강나무꽃(충주), 미선나무꽃
충청남도	구절초(공주), 회화나무꽃(대전)
경상북도	국화(경상북도), 잇꽃(의성)
경상남도	해당화(포항), 진달래(양산 영취산)
전라북도	동백꽃, 상사화(고창)
전라남도	상사화(영광), 해당화(영광, 함평), 국화(함평), 매화(광양), 산수유(구례), 왜당귀(장성)
제주도	양하(제주도), 목련(한림), 수선화(제주시)

세상의 모든 꽃이 져 버린 차디찬 겨울밤, 찻잔에서 모락모락 김을 올리며 피어나는 꽃을 보면 마음이 환해집니다. 코발트색 찻

물이 아름다운 제비꽃차, 달콤한 향기를 내뿜는 찔레꽃차가 들뜬 마음을 진정시켜 줍니다. 찻잔에서 한번 더 피어나는 꽃은 화사

함·애절함·다정함·여유로움 등 다양하고 미묘한 느낌을 전해 줍니다.

장미꽃처럼 태생부터 화려한 삶이 있고, 진흙 위의 연꽃처럼 고난을 딛고 고결하게 피는 삶도 있고, 달밤에 피어나 은은한 향기로

어둠을 위로하는 달맞이꽃 같은 삶도 있습니다. 어떻게 피어나든 꽃마다 고유의 향기와 빛깔을 가지고 있습니다.

당신의 삶은 어떤 빛깔과 향기인가요?

PART 2

꽃차 만들기

감나무

기본 사항

학명 *Diospyros kaki* Th.

개화 5~6월

분포 남부 지방

약명 시수柿樹

이용 봄에 어린순을 차로 만들어 마시고, 한방에서 감꼭지를 말려 약으로 쓴다.

감나무과의 낙엽교목(喬木 : 줄기가 곧고 굵으며 높이 자란 나무)으로 우리나라 · 일본 · 중국 등에서 자라며, 구미 각국에서는 거의 재배되지 않는 과수이다. 키는 15m까지 자라고 잎은 크고 넓다. 4월 말에서 5월 초 사이에 잎이 나고, 5~6월에 담황색 꽃이 피고 추석 무렵 열매가 익기 시작한다. 단풍이 아름답고 낙엽이 진 뒤에도 홍색으로 맺혀 있는 열매가 아름다워 도심지의 관상수로도 인기가 있다. 감나무를 '시수柿樹'라고 한다.

작가 노트 _ 툭툭 떨어져 내리는 꽃을 보니 마음이 바쁘다. 노란 꽃을 고물꽃차개 젖혀 바라보던 며칠 동안이 즐거웠다. 가을이 되면 저 자리에 빨간 홍시가 달리겠지. 지금 눈앞에서 꽃이 웃고 있다. 뾰족 입을 내밀고 찻잔에서 춤을 춘다.

꽃차 만드는 법

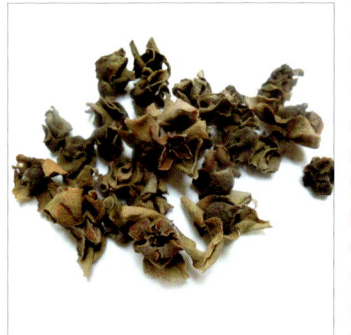

memo
충분히 쪄 주는 것이 중요하다.

만드는 법

1. 감나무꽃을 따서 불순물을 가볍게 제거한다.
2. 수증기에 찐다. 암꽃과 수꽃이 함께 피므로 1분씩 총 9회를 찐다.
3. 엷은 황색 꽃이 빠질 정도의 것은 18회 쪄 준다.
4. 다 찐 꽃송이는 그늘에서 말린다.
5. 완전히 마른 꽃을 밀폐 용기에 담아 보관한다.

감나무꽃차

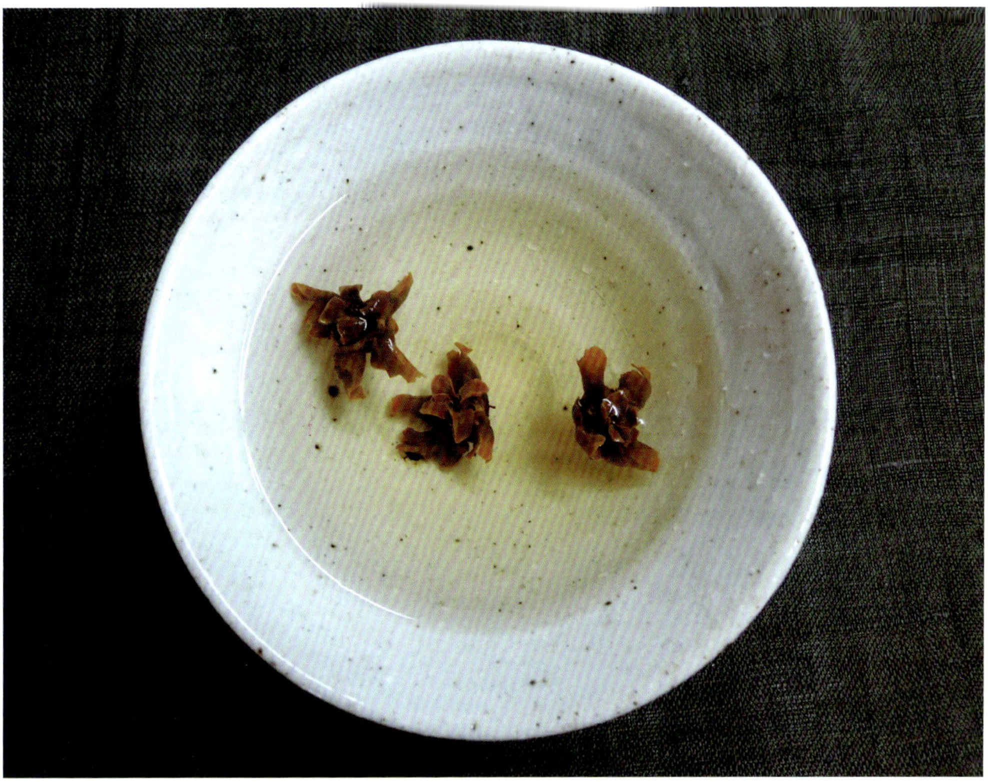

비타민 C 함유
임산부에게 효과

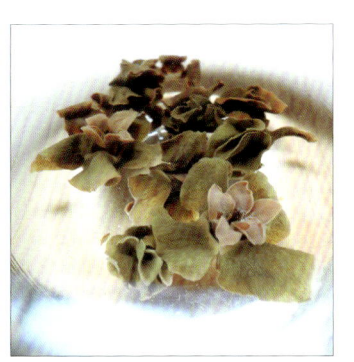

꽃차 마시는 법

말린 꽃송이 5개를 넣고 200*ml* 용량의 다관에 끓는 물(100℃)을 부어 1분 30초간 우려내어 마신다.

차의 맛과 효능

떫은맛도 살짝 있고 단맛과 독특한 감의 향이 살아 있다. 여러 번 우려내어 마셔도 똑같은 맛이 나온다.

비타민 C가 풍부하게 들어 있어 피로 해소 효과가 크고, 임산부에게 특히 유용하다. 딸꾹질을 멈추게 할 때도 사용된다.

개구릿대

기본 사항

학명 *Angelica anomala* Lallemant

개화 7~8월

분포 전국의 산골짜기

약명 백지白芷

이용 늦가을에 뿌리를 채취하여 햇볕에 말려 두통·편두통·각종 신경통·복통·치통·안구 통증 등에 약용한다.

미나릿과의 여러해살이풀로, 산골짜기 습지에서 자란다. 키는 2m 이상 자라며, 속이 빈 줄기는 자줏빛이 돈다. 7~8월에 흰색 꽃이 겹산형꽃차례를 이루며 핀다. 8~9월에 익는 열매는 타원형으로 옆날개가 발달했다.

작가 노트 _ 키다리 아줌마의 화려한 외출을 보는 것처럼 수수하면서도 명랑해 보이는 꽃이다. 민간에서는 뿌리를 두통약으로 사용하고 있다. 무심코 산길을 걷다가 불쑥 마주치는 꽃에서 내가 문득 아줌마가 되었음을 느끼곤 한다.

꽃차 만드는 법

memo
꽃송이를 잔 꽃가지로 나눈다.

만드는 법

1. 개구릿대꽃을 채취하여 깨끗이 손질한 것을 꽃가지 단위로 나눈 뒤 바람이 잘 통하는 그늘에서 말린다.
2. 말린 꽃을 프라이팬에 살짝 볶는다.
3. 완전히 마른 꽃을 밀폐 용기에 담아 보관한다.

개구릿대꽃차

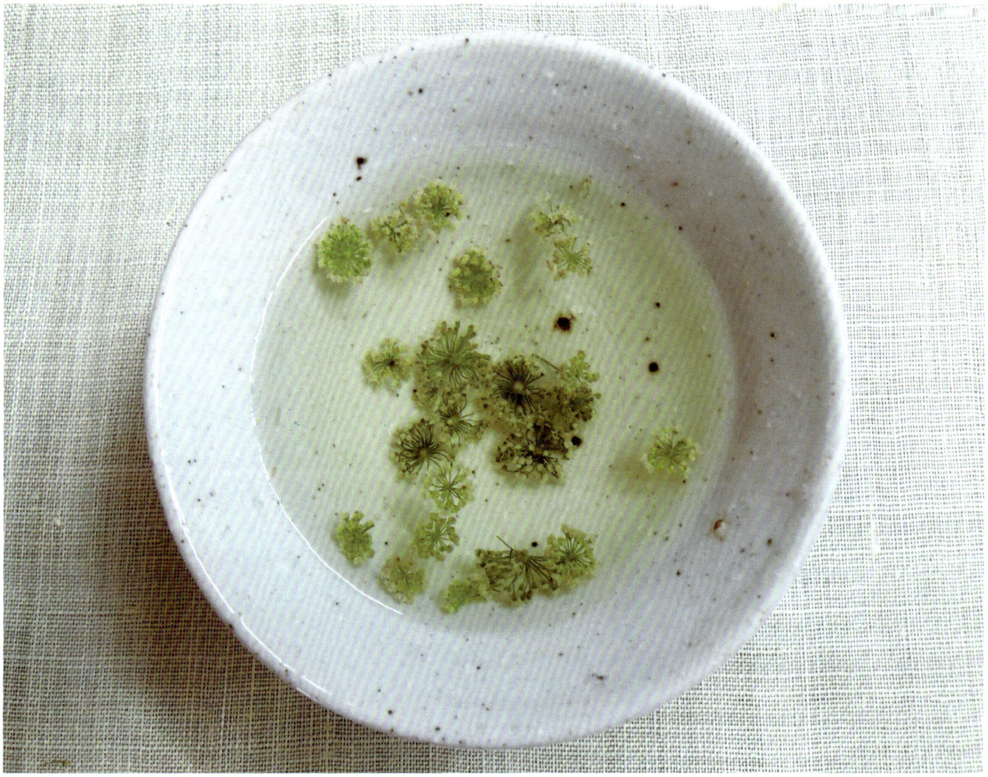

진정 작용
통증 완화

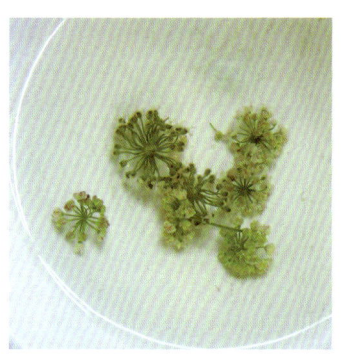

꽃차 마시는 법

말린 꽃 1~2송이를 찻잔에 담고 끓는 물을 부어 1분간 우려내어 마신다.

차의 맛과 효능

맛이 맵고 성질이 따뜻하다. 향이 특히 좋아서 여성들에게 잘 어울린다.

진통 · 진정 작용이 있어서 두통 · 편두통 · 치통 · 안구통 · 신경통 · 복통 · 백대하 등을 개선한다.

개나리

기본 사항

학명 *Forsythia koreana* Nakai

개화 3월

분포 전국 각지

약명 연교連翹

이용 개나리꽃은 당뇨를 개선하고 이뇨 작용을 하는 약재로 이용되어 왔다.

물푸레나무과의 덩굴성 낙엽관목(灌木 : 사람 키보다 작고 원줄기와 가지의 구별이 분명하지 않으며 밑동에서 가지를 많이 치는 나무)으로, 키는 2~3m이고 잎은 마주보고 난다. 4월에 진노랑 꽃이 잎보다 먼저 핀다. 열매를 '연교連翹'라 한다. 개나리꽃은 당뇨와 이뇨제로 이용되어 왔다. 항균·항염증·소염·해열 작용이 있다. 사포닌Saponin·플라보노이드Flavonoid 등이 함유되어 있다.

작가 노트 _ 새를 좋아했던 공주의 환생이라 그런지 꽃송이가 종달새 주둥이를 닮은 듯하다. 노란 병아리를 연상시키기도 한다. 여리디 여린 꽃잎이 뿡~ 하며 터지듯 피는 개나리꽃은 봄의 상징이자 마음의 두근거림이다. 무리 지어 있어서 더욱 예쁘고 화사한 꽃이다.

꽃차 만드는 법

만드는 법

1. 꽃을 채취하여 깨끗이 손질한다. 말리는 꽃은 씻지 않는다.
2. 그늘에서 잘 말린다.
3. 잘 마른 개나리꽃은 수증기에 약 10초간 쪄 낸다.
4. 찐 꽃을 다시 바람이 잘 통하는 곳에서 말린다.
5. 완전히 마른 꽃을 밀폐 용기에 담아 보관한다.

※ 개나리꽃은 빙점에 노출되면 갈변하므로 꽃얼음의 용도로는 적합하지 않으며, 냉동 보관하는 것도 바람직하지 않다.

memo

온도에 예민하므로 균일한 온도 유지가 중요하다.

개나리꽃차

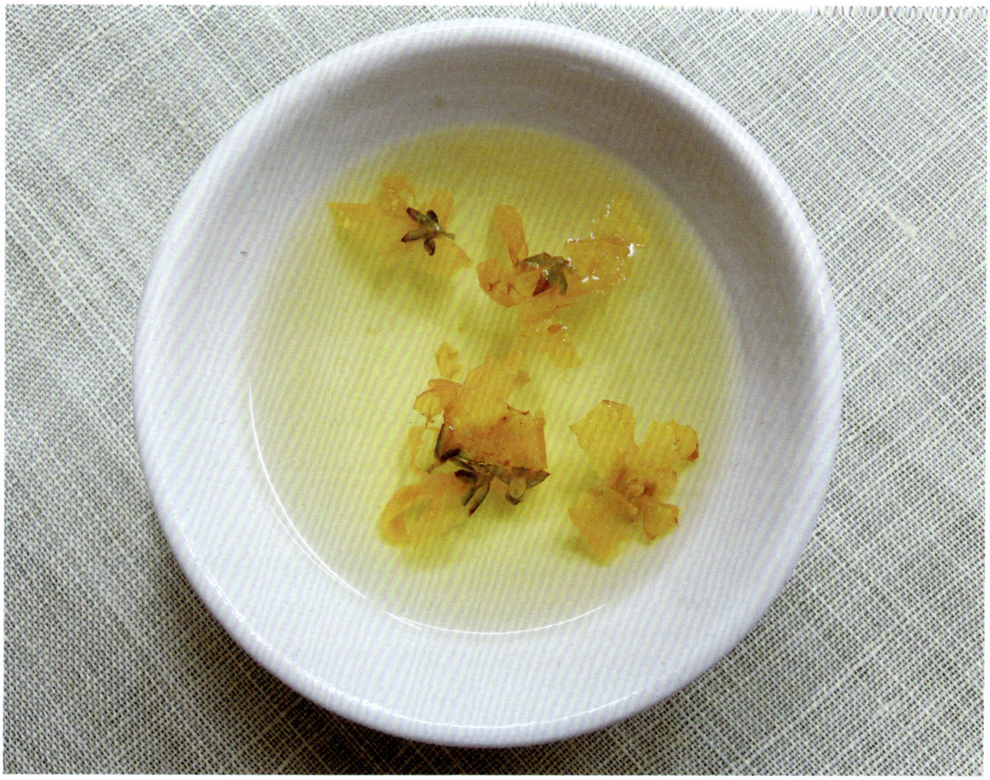

이뇨 작용
당뇨병 개선 효과

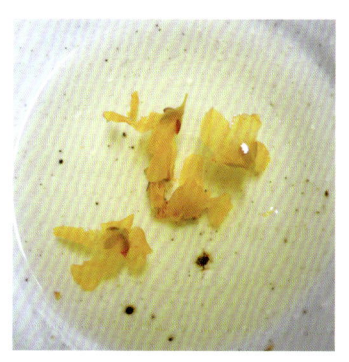

꽃차 마시는 법

말린 꽃 1티스푼을 물 180㎖를 기준으로 넣고 끓는 물을 부어 바로 우려내어 마신다. 2~3회 우려내어 마신다.

차의 맛과 효능

맛은 쓰고 성질은 차갑다. 첫 번째 찻물은 산뜻한 맛이 나고, 두 번째 찻물은 단맛이 더하고 향도 짙어지고, 세 번째는 달고 담백한 맛이 난다.

개불알풀

기본 사항

학명 *Veronica didyma var. lilacina*

개화 5~6월

분포 전국의 길가 근처 풀밭

약명 파파납婆婆納

이용 한방에서 전초를 말려 산기疝氣·요통·백대하白帶下를 치료하는 약재로 쓴다.

현삼과의 두해살이풀로, 길가의 풀밭에서 흔히 볼 수 있다. 키는 5~30㎝ 정도로 자라고 4~6월에 붉은 자줏빛 꽃이 잎겨드랑이에 1개씩 달린다. 열매는 신장 모양으로 가운데가 잘록하고 앞면에 부드러운 털이 나 있는데 8~9월에 익는다. 어린순을 나물로 먹으며, 꽃은 밀원 자원이다. 땅을 뒤덮는 잎과 꽃이 아름다워 '땅을 덮은 비단'이라는 의미로 '지금地錦'이라고 부르며, '봄까치꽃', '개불알꽃'이라고도 한다. 지혈 작용을 하며, 남성의 고환염과 여성의 백대하를 개선하는 효과가 있다.

작가 노트 _ 겨울이 가고 봄으로 접어드는 때에 남보라색 융단을 깔아 놓은 듯 피어나는 꽃이다. 군락을 이룬 모습이 멀리서 장관을 이루고, 가까이서 보면 꽃은 완벽한 형태로 섬세하기 그지없다. 무릎을 꿇고 들여다보고 있노라면 마음이 겸손해진다.

꽃차 만드는 법

memo
꽃잎이 얇아 냉장 보관이 필수

만드는 법

1. 개불알풀 꽃줄기를 손가락 사이에 끼고 꽃을 훑듯이 딴다.
2. 꽃잎을 말린다. 꽃잎이 얇으므로 하루가 지나면 마른다. 손이 많이 닿지 않도록 주의한다.
3. 한 번 말린 꽃을 수증기에서 약 10초간 찌는데 뚜껑을 닫지 않고 찌는 것이 좋다. 닿는 수증기의 양에 따라 꽃의 색이 하얗게 변할 수 있다.
4. 완전히 마른 꽃을 밀폐 용기에 담아 냉장 보관한다.

개불알풀꽃차

봄의 운치가 물씬
풍기는 차

꽃차 마시는 법

말린 꽃 1티스푼을 200㎖ 용량의 다관에 넣고 끓는 물을 부어
우려내어 마신다.

차의 맛과 효능

연한 단맛이 느껴진다. 앙증맞은 꽃들의 움직임이 보는 즐거
움을 더한다. 풋풋한 향기와 은은한 색상이 봄을 담아 마시는
듯하다.

개쑥부쟁이

기본 사항

학명 Aster meyendorfii

개화 8~11월

분포 전국 각지 건조한 곳

약명 구계拘洼

이용 이른 봄에 돋아나는 쑥부쟁이 어린순을 삶아 나물로 먹으면 부드럽고 담백한 맛이 입맛을 살려 주며 봄철 춘곤증 예방 효과가 크다. 혈압을 내리는 작용이 있다.

국화과의 여러해살이풀로, 키는 1m 내외로 자란다. 9월에 자주색이나 붉은보라색 꽃이 피는데, 흰색에 가깝다 하여 '산백국山白菊'이라고도 부른다. 식물 전체에 플라보노이드 · 사포닌류 · 당류 · 탄닌 · 단백질 · 아미노산류 · 엽록소 등의 성분이 들어 있다. 봄에 돋아나는 어린순을 나물로 먹는다. 까실쑥부쟁이 · 눈개쑥부쟁이 · 섬쑥부쟁이도 같은 용도로 쓴다.

작가 노트_ 집 앞 창밖을 내다보면 하얗게 눈이 온 것처럼 피어 있는 꽃이 있다. 가까이 가서 보면 가을빛과 노을이 만난 듯한 색깔……. 연한 남보랏빛이라고 해야 할까. 바람이 불면 가는 허리 서로 비벼 대며 소리 없이 웃는다.

꽃차 만드는 법

만드는 법

1. 꽃송이를 따서 벌레 등의 이물질을 털어 낸다.
2. 통풍이 잘되는 그늘에서 말린다. 70% 정도 마르면 잎이 뒤로 말리는데, 이때 수증기에 약 20초 내외로 2~3회 쪄 준다.
3. 찌지 않으면 꽃심 부분이 홀씨가 되는 경우가 종종 있다. 이는 꽃이 개화되어 2~3일 쯤 된 것이 대부분일 때다.
4. 덜 핀 것은 향미와 맛, 색이 떨어지므로 핀 것을 전제로 하지만 찌는 것을 잘하면 문제 될 것은 없다.

memo
그날 개화한 꽃이 최고다.

개쑥부쟁이꽃차

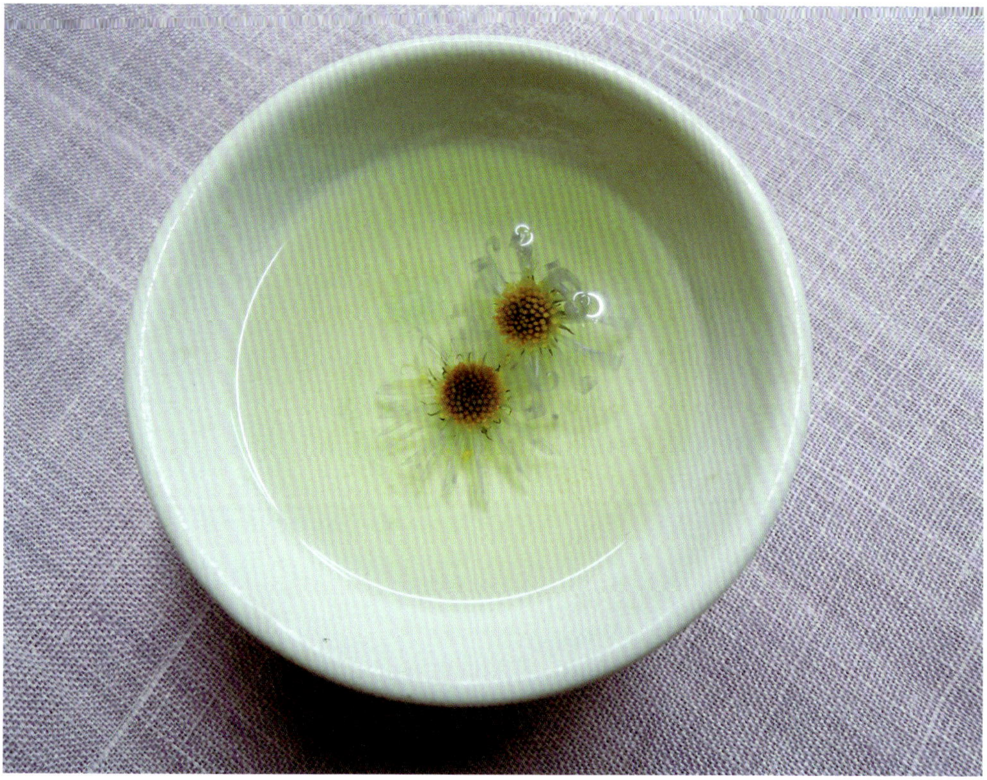

기침 완화
거담 작용

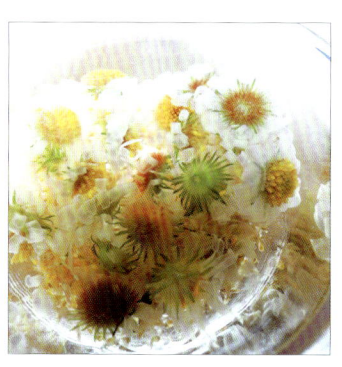

꽃차 마시는 법

말린 꽃 1~2송이를 찻잔에 담고 끓는 물을 부어 우려내어 마신다.

차의 맛과 효능

맛은 쓰고 매우며 성질은 서늘하다.
진해 · 거담 · 항균 · 항바이러스 작용을 하며 소염과 천식을 개선하는 효과가 있다. 플라보노이드flavonoid류 · 사포닌류 · 당류 · 타닌 · 단백질 · 엽록소 등이 함유되어 있다.

개양귀비

기본 사항	
학명	*Papaver rhoeas* L.
개화	6월
분포	전국에서 재배
약명	여춘화麗春花
이용	지사止瀉 · 진통鎭痛 · 진해鎭咳 작용을 한다. 이질痢疾에 약으로 쓴다.

유럽이 원산지인 양귀비과의 두해살이풀로, 관상용으로 흔히 심는다. 5~6월에 빨간색 꽃이 가지 끝에 1개씩 달리는데, 품종에 따라 꽃 색이 다양하다. 꽃 모양이 양귀비와 비슷하고, 한방에서 해수 · 복통 · 설사 등에 약으로 쓰므로 '개양귀비'라고 부른다.

작가 노트 _ 매혹적인 붉은색으로 여리디 여리게 핀다. 광택이 나는 붉은 꽃잎과 까만 중심부는 사람을 빨아들이는 마력이 있다. 어디에서도 느껴 보지 못하는 경이로움. 지금은 이곳저곳에서 재배하고 있지만 10여 년 전만 해도 정말 보기 드문 꽃이었다.

꽃차 만드는 법

만드는 법

1. 꽃을 봉오리째 따서 손질한다.
2. 봉오리보다는 핀 꽃이 좋다.
3. 찌면 색이 변하므로 그냥 말리는 것이 좋다.
4. 완전히 마른 꽃을 밀폐 용기에 보관한다.

※ 프라이팬에 덖는 것보다 찌는 것이 담백하며 본연의 향을 유지할 수 있다.

memo

수증기에 찌는 것이 최고의 제다법

개양귀비꽃차

우아한 분위기
진통 작용 겸비

꽃차 마시는 법

말린 꽃 1~2송이를 찻잔에 담고 끓는 물을 부어 바로 우려내
어 마신다.

차의 맛과 효능

맛은 달고 특유의 향이 난다.

개양귀비 꽃은 말리면 검붉은색이 되고, 끓는 물에 닿으면 반
점이 생기면서 찻물이 빠진다. 생화에 대한 기대가 워낙 커서
조금 덜 예쁘게 느껴지지만 가만히 들여다보면 색다른 매력을
느낄 수 있어 좋다.

※ 오렌지색 꽃과 흰색 꽃은 본연의 색이 보존되며, 차를 우렸
을 때 우아함이 느껴진다.

결명자

기본 사항

학명 *Cassia obitusifolia* C.

개화 6~8월

분포 전국에서 재배

약명 결명자決明子

이용 잎의 생즙은 곤충에 물린 데 사용한다. 신진대사와 혈액순환을 왕성하게 하며, 간 질환으로 발생하는 간열을 내리게 한다. 어린이의 소화 기능을 개선하는 데 좋다. 꽃얼음이나 꽃샐러드에도 이용된다.

콩과의 한해살이풀로, 키는 1.5m 내외로 자라며, 식물 전체에 짧은 털이 퍼져 있다. 7~8월에 노란색 꽃이 피는데, 꽃잎은 5장이며 도란상 원형이다. 수술은 10개, 씨방은 가늘고 길며 잔털이 나 있다. 과실은 15㎝ 정도의 껍질 속에 능방형의 종자가 일렬로 배열되어 있다. 《동의보감》에서는 '결명자는 간기肝氣를 돕는다.'라고 한다.

작가 노트 _ 노란 꽃이 웃는 새색시의 얼굴처럼 맑고 투명하다. 꽃이 진 뒤에는 씨앗이 일렬로 길게 들어선다. 꽃 하나에 그리도 많은 종자가 나온다니. 꽃은 여린 듯하지만 씹어 보면 아삭거림에 톡톡 터지는 느낌도 있다. 결명자꽃은 희망을 가져다준다. 보고 있노라면 오늘은 힘들지라도 내일은 또 다른 열매를……

꽃차 만드는 법

만드는 법

1. 결명자꽃을 따서 깨끗이 손질한다.

2. 수증기에 약 10초씩 2회 정도 쪄서 말리면 더 잘 마르고 색도 변하지 않는다. 그대로 말려도 되지만 여름이라 말리는 동안 벌레가 생길 수 있으므로 주의한다.

3. 다 말린 꽃이라도 남아 있을 수분을 전자레인지의 해동 모드에서 약 1분 30초씩 2회 정도 돌려 주면 좋다.

※ 열매를 사용할 때는 볶아서 차로 끓여 마신다. 볶지 않으면 풋내와 비린내가 조금 나며 찻물이 많이 나오지 않는다.

memo
살균 및 살충을 위한 갈무리 필수

결명자꽃차

어린아이의
소화 기능 개선

꽃차 마시는 법
말린 꽃 5~7송이를 찻잔에 담고 끓는 물을 부어 1분간 우려내
어 마신다.

차의 맛과 효능
맛은 달고 쓰며 성질이 차다. 어린아이의 소화 기능을 개선하
는 데 좋다.

고마리

기본 사항

학명 *Persicaria thunbergii* H.

개화 8~9월

분포 전국의 개울가, 습지

성미·효능 류머티즘 개선, 눈을 밝게 한다.

약명 고교맥苦蕎麥

이용 생화는 꽃얼음 재료로 좋다. 약간의 신맛과 단맛을 가지고 있어서 샐러드용으로도 좋다. 차를 우려내고 남은 꽃송이도 꽃얼음으로 만들면 좋다.

마디풀과의 한해살이풀로, 키는 60~80㎝ 정도이고, 군락을 이룬다. 줄기에 모가 나 있으며 가지는 갈라져 있다. 잎은 어긋나며 끝에 날카로운 털이 있다. 8~9월에 연한 홍색·흰색·분홍색 등의 꽃이 피는데 작은 봉오리 10개 내외가 모여서 핀다. 꽃의 형태와 피는 시기, 잎의 생김새 등에 변이가 많으며, 생김새가 메밀과 비슷하다. 어린순은 나물로 먹고, 줄기와 잎을 지혈제로 쓴다.

작가 노트_ 맑게 갠 가을날 들녘에 나서면 여기저기 고만고만한 고마리가 피어 있다. 우리나라 어디서나 볼 수 있는 작은 꽃이다. 꽃이 앙증맞아 예쁘지만 줄기에는 까실까실한 가시가 있어서 조심해서 따야 한다.

꽃차 만드는 법

memo

닦을 때는 손을 갈고리처럼 모아야 한다.

만드는 법

1. 막 개화하는 꽃을 채취하여 깨끗이 손질한다.
2. 손질한 꽃을 그늘에서 말린다. 햇빛이 좋은 날 3~4시간 정도 바짝 말려도 좋다.
3. 고마리 꽃은 심이 두꺼우므로 남은 수분을 제거하기 위해 프라이팬에 넣어 여러 번 닦는다. 손으로 하면 봉오리가 부서질 수 있으므로 나무 주걱으로 가운데로 모으듯 닦는다.
4. 완전히 마른 꽃을 밀폐 용기에 담아 보관한다.

※ 고마리꽃은 습지에 자생하므로 장화나 등산화를 신고 채취한다.

고만이꽃차

신맛과 단맛이
눈을 밝게 한다

꽃차 마시는 법

말린 꽃 5~8개를 찻잔에 담고 끓는 물을 부어 1분간 우려내어
마신다. 2~3회 우려낼 수 있다.

차의 맛과 효능

감칠맛이 나고 뒷맛이 시원하다.
류머티즘을 개선하고 눈을 밝게 한다.
찻잔에 피어나는 모습은 생화 때의 모습과는 사뭇 다르며, 찻
물을 여러 번 우려도 색이 동일하여 사랑받는다.

고추나무

기본 사항

학명 *Staphylea bumalda* DC.

개화 4~5월

분포 전국의 낮은 지대 계곡

약명 성고유省沽油(열매·뿌리)

이용 열매와 뿌리를 가을에서 겨울 사이에 채취하여 햇볕에 말려 기관지염과 산후 어혈에 약용한다.

고추나무과에 속하는 낙엽관목으로, 산골짜기에서 흔히 자란다. 키는 4m 내외로 자라고 가지가 많이 갈라진다. 4~5월에 하얀 꽃이 피며 9~10월에 핫바지 모양의 열매가 익는다. 봄에 어린순을 나물로 먹고, 열매와 뿌리를 약으로 쓴다.

작가 노트 _ 고추도 아닌 것이 고춧잎과 같은 맛이 난다. 꽃 모양은 달라도 살짝 매운맛도 있다. 하얗게 달려 있는 고추나무꽃을 보고 있으면 달콤한 향이 코 안으로 빨려 들어온다. 신이 나서 입에서는 노래가 나온다. 노래가 나오게 하는 꽃이 고추나무꽃이다.

꽃차 만드는 법

memo

온도에 예민하므로 반드시 장갑을 사용해야 한다.

만드는 법

1. 고추나무꽃을 딸 때는 온도에 민감하므로 장갑을 착용하고 채취한다.
2. 한 송이씩 작은 송이를 꼬투리째 딴 뒤에 수증기에 찐다.
3. 20초씩 3회 반복해서 찐 뒤 바람이 잘 통하는 그늘에서 말린다. 일주일 정도 지나면 다 마른다.
4. 완전히 마른 꽃을 밀폐 용기에 담아 보관한다.

고추나무꽃차

산후 어혈을 풀어 준다

꽃차 마시는 법
말린 꽃 1티스푼을(꽃송이 13~15송이)를 다관에 넣고 끓는 물을 부어 우려내어 마신다.

차의 맛과 효능
맛은 달고 담백하다.
마른기침과 해산 후 어혈 동통을 개선하는 효과가 있다.

골담초

기본 사항

학명 *Caragana sinica* (Buchoz) Rehder

개화 5월

분포 전국 각지 산기슭

약명 골담근骨擔根, 금작화金雀花

이용 꽃이 화려하여 샐러드에 더없이 좋다. 꽃으로 단술을 만들어 노인성 신경통에 사용하면 효과가 있다. 체력 과다 소모로 인한 발열, 해수·두통· 어지럼증에 좋다.

콩과의 낙엽관목으로, 키는 2m 정도로 자라며, 가지에 5개의 능선이 있다. 꽃은 5월에 피는데, 처음에는 연녹색을 띠다가 노란색으로 변하고 질 때는 적황색이 된다. 꽃받침은 종 모양으로 윗부분은 노란빛을 띤 붉은색이고 밑부분은 연한 노란색이다. 알칼로이드·사포닌류·전분류 등이 함유되어 있으며, 샐러드나 떡말이 등 다양한 요리의 재료로 쓰인다. 금작화·금계화·선비화라고도 한다.

작가 노트 _ 무슨 꽃이 저리도 예쁠까. 노란빛인가 싶어 다가서면 어느새 부끄러워 붉은빛으로 바뀌고, 꽃 하나 따서 입에 물고 깨물어 보면 달콤하면서도 시큼하다. 대롱대롱 많이도 달려 있구나. 산기슭에서 열심히 꽃을 피우는 모습은 마치 줄을 지어 열심히 일하는 개미를 연상시킨다.

꽃차 만드는 법

memo
수분 함량에 유의할 것

만드는 법

1. 골담초꽃을 채취하여 깨끗이 손질한다.
2. 손질한 꽃을 그늘에 말린 뒤 강한 햇빛에 2~3시간 정도 더 말려 습기를 완전히 제거한다.
3. 수증기에 15~20초씩 3회 반복하여 쪄 준다.
4. 완전히 마른 꽃을 밀폐 용기에 담아 보관한다.

다른 방법

손질한 꽃을 동량의 설탕에 재워 두었다가 다음 날 꿀을 덧입힌다. 완전히 마른 꽃을 밀폐 용기에 담아 냉장 보관한다.

골담초꽃차

자연의 꿀맛이
해수·두통에 효과

꽃차 마시는 법
말린 꽃 7~10송이를 200㎖ 용량의 다관에 담고 끓는 물을 부어 우려내어 마신다.

차의 맛과 효능
맛은 달고 성질은 따뜻하다. 연노랑 찻물에 담백한 단맛이 꿀을 탄 듯 감미롭게 느껴진다.
해수·대하증·요통·이명耳鳴·급성 유선염에 효과가 있다.

골등골나물

기본 사항

학명 *Eupatorium lindleyanum*

개화 8~10월

분포 전국의 양지바른 산과 들판

약명 평간초秤秤草, 토승마土升麻

이용 여름부터 가을 사이에 채취하여 햇볕에 잘 말려 감기 · 기침 · 신경통 · 월경불순 · 산후 질환 · 치질 등에 약용한다.

국화과의 여러해살이풀로, 키는 50㎝~1m 정도로 자라며, 줄기는 곧게 서며 식물 전체에 거친 털이 나 있다. 잎 표면은 거칠거칠하고 뒷면은 색이 옅은데, 등골나물에 비해 잎이 좁고 길다. 8~10월에 흰색 또는 홍자색 꽃이 핀다. 어린순을 나물로 먹으며 뿌리를 포함한 전초를 약으로 쓴다. 유사종인 등골나물 · 향등골나물 · 서양등골나물 등도 같은 용도로 쓴다.

작가 노트 _ 산기슭을 걷다가, 또는 풀밭에서 만나는 꽃은 여름날의 더운 입김을 식히는 데 그만이다. 흔히 스쳐 지나가 버릴 수도 있는 향기를 잡아 두었다가 문득 그리워질 때 약효가 좋은 꽃차로 다시 만난다. 한여름부터 늦가을까지 우리나라 전역의 양지바른 산기슭이나 들판에서 피어나는 이 꽃은 예부터 약재와 나물로 많은 이들의 사랑을 받아 왔다.

꽃차 만드는 법

만드는 법

1. 골등골나물꽃을 송이째 채취하여 깨끗이 손질한다.
2. 손질한 꽃을 그늘에 말리거나 설탕(또는 꿀)에 재운다. 말릴 때는 꽃잎이 홀씨가 된 것처럼 보이기도 하지만 상관없다.
3. 꿀에 재운 것은 상온에 3일 정도 두었다가 냉장 보관한다.

※ 처음부터 20초씩 3회를 쪄서 말려도 되지만 부분적으로 색이 검게 변하는 경우가 있다.

memo

덖음을 홀씨가 되어 버리므로 피하는 것이 좋다.

골등골나물꽃차

시원한 맛이
속을 편하게 한다

꽃차 마시는 법
말린 꽃 1티스푼을 200㎖ 용량의 다관에 담고 끓는 물을 부어
1분간 우려내어 마신다.

차의 맛과 효능
여름 산의 싱그러운 맛이 느껴진다. 물속에서 다시 꽃 핀 모습
이 산에서 바람결에 피어나던 꽃 같다.
거담 · 지해止咳 작용을 하므로 기관지염 · 천식 등을 개선하
는 효과가 있다. 소화불량 · 복부팽만 · 구토 · 설사 등에 이용
된다.

과꽃

기본 사항

학명 *Callistephus chinensis* L.

개화 8~10월

분포 전국에서 재배

약명 취국翠菊

이용 꽃이 필 때 따서 그늘에서 말려 약으로 쓴다.

국화과의 한해살이풀로 키는 90㎝ 내외로 자라고, 곧게 서는 자줏빛 줄기는 가지를 많이 치며, 식물 전체에 짧은 흰 털이 나 있다. 8~10월에 적자주색·남자주색·분홍색 등의 다양한 색의 꽃이 핀다. 일반 국화보다 조금 크며 화경은 2~3㎝이고 홑꽃과 겹꽃이 있다. '취국'·'당국화' 등으로 불리는데, 예전에는 들판이나 정원에 관상 및 식용으로 재배해 왔던 친근한 꽃이다. 점차 자취를 감추어 가는 우리 꽃 가운데 하나로, 자원식물로서 활용도가 크다.

작가 노트 _ "올해도 과꽃이 피었습니다. 꽃밭 가득 예쁘게……" 어렸을 적 부르던 노래가 떠오른다. 누구나 꽃밭에서 미래를 꿈꾸던 시절이 있었으리라. 과꽃과 함께 가을의 추억 속으로 들어가 본다.

꽃차 만드는 법

memo
**꽃 수술 부위가 손상되지 않도록
주의한다.**

만드는 법

1. 과꽃을 채취하여 깨끗이 손질한다.
2. 처음부터 찌면 색이 변할 수 있으므로 50% 정도 말린 다음 수증기에 40초간 2~3회 반복해서 찐다.
3. 완전히 마른 꽃을 밀폐 용기에 담아 냉장 보관한다.

※ 잔여 수분을 없애기 위해 밥통이나 팬을 이용하는데, 오랜 시간 하면 꽃의 수술이 흩어지므로 시간을 잘 지킨다.

과꽃차

간 기능 회복으로
눈을 맑게 한다

꽃차 마시는 법

말린 꽃 1개를 200㎖ 용량의 다관에 담고 끓는 물을 부어 40초
간 우려내어 마신다. 3회를 우려내어 마신다.

차의 맛과 효능

맛은 약간 쓰고 성질은 차다. 간 기능을 보하고 눈을 맑게 해
준다.
국화과의 식물은 쓴맛이 다소 있는데 과꽃은 쓴맛은 적고 단
맛이 많으며 부드러운 것이 특징이다.

구절초

기본 사항

학명 *Chrysanthemum zawadskii*

개화 8~10월

분포 전국의 산기슭

약명 선모초仙母草

이용 예부터 민간에서 환약이나 엿을 고아서 장복하면 생리가 고르게 되고, 임신을 돕는 것으로 전해져 온다.

국화과의 여러해살이풀로, 식물 전체에 털이 나 있거나 없기도 하며, 줄기는 곧게 나고 종종 가지가 갈라진다. 9~10월에 가지 끝에 지름 약 5㎝ 정도의 연한 홍색 또는 흰색 꽃이 핀다. 일부 지방에서는 착한 어머니를 닮았다는 의미에서 '선모초善母草'라고 부른다. 바위구절초·가는잎구절초·한라구절초도 같은 용도로 쓰인다.

작가 노트 _ 얼기설기 세워 놓은 울타리 저 너머 산비탈에서 하얀 우윳빛으로 흔들리고 있는 꽃. 가을 서리인가 싶어 가만히 들여다보면 영락없이 하얀 얼굴 내밀면서 인사하는 구절초. 우리네 어머니들이 감추어온 속살을 들여다보듯 뽀얀 모습이 눈길을 멈추게 한다.

꽃차 만드는 법

만드는 법

1. 구절초꽃을 한 송이씩 채취하여 깨끗이 손질한다.
2. 손질한 꽃을 7~10일간 그늘에서 말린다. 꽃이 두꺼우므로 바람이 잘 통하는 곳에 말려야 한다.
3. 말린 꽃을 수증기에 40초씩 3회 쪄 준 뒤 다시 말린다. 그냥 말려서 사용하면 찻물이 제대로 우러나지 않고 쓴맛이 많이 나온다.
4. 완전히 마른 꽃을 밀폐 용기에 담아 보관한다.

memo
말려서 쪄야 꽃이 아름답다.

구절초꽃차

국화의 따뜻함이
뱃속을 다스린다

꽃차 마시는 법

말린 꽃 1~2송이를 넣고 끓는 물을 부어 40초간 우려내어 마신다. 5회 이상 우려서 마실 수 있다.

차의 맛과 효능

맛은 약간 달고 약간 쓰며 뒷맛이 개운하다. 우릴수록 맛이 부드럽게 느껴진다.
풍병風病 · 위장병 · 생리통 · 소화불량, 부인의 냉증을 개선한다.

국화[감국]

기본 사항

학명 *Chrysanthemum indicum* L.

개화 10~11월

분포 전국의 양지 바른 산과 들판

약명 고의苦薏

성미·효능 불면증을 개선하고 혈압을 내리며 고지혈증을 개선한다.

이용 베개·향낭·비누·목욕제

감국은 국화과의 여러해살이풀로, 키는 30~50㎝ 정도로 자라며, 10~11월에 노란 꽃이 핀다. 향기가 좋아 관상용으로 재배하는데, 감국은 산국에 비해 비교적 꽃이 크다. 감국의 어린잎을 삶아 나물로 먹고, 꽃을 말려 한방 약재로 쓴다. 감국은 차의 재료, 대국은 화전의 재료, 소국은 약재로 이용한다.

작가 노트 _ 가을 하면 파란 하늘과 노란 국화가 떠오른다. 찬이슬 맞으며 기품 있게 피어나는 국화는 마음을 다지기에 그지없이 좋다.

꽃차 만드는 법

기본 방법

1. 감국을 채취하여 봉오리만 분리하여 깨끗이 손질한다.
2. 3% 농도의 끓는 소금물에 꽃을 튀겨 내어 냉수에 넣어 식힌 뒤 손으로 짜서 그늘에서 말린다.
3. 완전히 마른 꽃을 밀폐 용기에 담아 보관한다.

또 다른 방법

1. 감국 꽃송이를 분리하여 깨끗이 손질한다. 2. 국화를 찜기에 넣어 30초~1분간 김을 쒼 뒤 꺼내어 그늘에서 말린다. 3. 완전히 마른 꽃을 밀폐 용기에 담아 보관한다.

memo
소금물에 튀기는 것이 핵심!

감국차

통증 완화
구취 제거

꽃차 마시는 법
말린 꽃 3~5송이를 찻잔에 담고 끓는 물을 부어 1분간 우려내
어 마신다.

차의 맛과 효능
맛은 맵고 달고 쓰며 차갑다.
두통 · 어지럼증, 스트레스로 인한 머리 압박감을 개선하고,
입냄새를 없애는 효과가 있다.

금잔화

기본 사항

학명 *Calendula officinalis*

개화 7월

분포 전국에서 재배

약명 금잔화金盞花

이용 꽃을 이용한 습포제를 화상·탕상湯傷에 응급 처치한다. 항진균성도 있어 칸디다증 치료의 보조약으로 사용한다. 내복하면 위염, 위궤양, 십이지장궤양에도 효과가 있다.

국화과의 한해살이풀로 남부 유럽에서 허브 식물로 가꾼다. '카렌듈라Calendula'라고 부르기도 한다. 씨 뿌리는 시기에 따라 봄부터 가을까지 꽃이 핀다. 주황색·노란색 등 주로 황색 계통의 꽃이 피며 독특한 향이 난다. 꽃말은 겸손과 인내이다. 해독·해열·이뇨 작용이 있다.

작가 노트 _ 피어 있을 때는 오렌지색으로 유혹하고 꽃차는 달콤한 향과 맛으로 헤어나오지 못하게 한다. '달콤한 향수'라는 별명이 어울리는 꽃이다. 금잔화 필 때를 기다리는 마음은 늘 애틋하다. 꽃사탕을 만들면 금방이라도 꽃이 기지개를 펴며 향을 내뿜을 것 같은 매력이 있다.

꽃차 만드는 법

만드는 법

1. 금잔화꽃을 따서 통째로 엎어서 말린다.
2. 말리지 않고 찌면 꽃색이 짙은 오렌지빛으로 변하고, 말려서 찌면 본래의 색이 유지된다.
3. 통꽃으로 말리기 힘들 때는 꽃잎을 분리해서 말려도 좋다. 꽃뿌리에 끈적끈적한 점액질이 있으므로 꽃잎을 4~5장씩 분리해서 말리면 된다.
4. 완전히 마른 꽃을 밀폐 용기에 담아 보관한다.

※ 꽃사탕을 만들면 좋다.

memo

꽃의 열 분산을 이용해서 말린다.

금잔화차

감미로운 맛 위장 보호

꽃차 마시는 법

말린 꽃 1/3송이를 200ml 용량의 다관에 넣고 끓는 물을 부어
우려내어 마신다.

차의 맛과 효능

맛은 달고 감미로우며 성질은 평하다. 부드럽게 퍼지는 맛과
밝은 노란색이 일품이다. 담즙 분비를 촉진하여 소화 기능을
좋게 한다.

꽃향유

기본 사항

학명 *Elsholtzia splendens* Nakai

개화 8~9월

분포 산과 들판의 양지바른 풀밭과 길가

약명 향유香薷

이용 땀을 내서 더위를 풀어 주며 소변을 잘 나오게 하고 습濕을 발산시키는 약재로 쓴다.

꿀풀과의 한해살이풀로 키는 30~60㎝ 내외이고 줄기는 네모나며 마주나는 잎은 깻잎을 닮았다. 8~9월에 잔가지 끝에 작은 꽃이 무수히 뭉쳐 보라색 꽃이 한쪽 면으로만 피고 뒷부분은 번데기 모습을 하고 있다. 방향성이 강해서 산이나 들판에서 쉽게 찾을 수 있다. 예부터 어린순은 나물로, 말린 전초는 음료용으로 이용해 온 고마운 식물이다. 중국에서는 집집마다 가꾸어 나물로 썼다고 한다. 성분 중에는 휘발성의 정유가 포함되어 있고, 전초를 약용하는데, 발한·해열 작용을 한다. 유사종인 향유·가는잎향유·좀향유 등도 같은 용도로 쓴다.

작가 노트 _ 부서지는 햇살 아래 잔잔한 보랏빛 꽃물결이 일렁인다. 바라만 보아도 마음이 따뜻해진다.

꽃차 만드는 법

memo

잔여 수분에 세심한 주의를!

만드는 법

1. 향유꽃송이를 채취하여 깨끗이 손질한다. 지나치게 만개한 것은 채취하지 않는다.
2. 손질한 꽃을 그늘에서 말린다.
3. 말린 꽃을 프라이팬에 살짝 덖어낸다.
4. 완전히 마른 꽃차를 밀폐 용기에 담아 보관한다.

※ 마른 꽃을 수증기에 쪄도 좋지만 열처리를 하는 것이 바람직하다.

꽃향유차

식사 후 입냄새 제거

꽃차 마시는 법
말린 꽃 3~5송이를 찻잔에 담고 끓는 물을 부어 40초간 우려 내어 마신다.

차의 맛과 효능
맛은 맵고 달며 성질이 따뜻하다. 방향 성분이 입안을 상쾌하게 해 준다. 생선 비린내를 없애 주므로 식사 후 마시면 트림이 억제된다.
열병熱病을 없게 한다. 중기中氣를 조절하고 위胃를 따뜻하게 하며 입냄새를 없애 준다.

나팔꽃

기본 사항

학명 *Pharbitis nil*

개화 7~8월

분포 전국의 빈터, 들판

약명 견우자牽牛子, 흑축黑丑

이용 이뇨 작용이 있어서 부종이나 복수 찬 데에 효과가 있다.

메꽃과의 한해살이풀로, 식물 전체에 거친 털이 나 있고 덩굴줄기가 2m 정도로 자란다. 7~8월에 남보라색·붉은색·흰색 등의 꽃이 피는데, 아침 일찍 피었다가 한낮이 되면 오므라든다 하여 '아침의 꽃'이라고도 부른다. 화관은 나팔꽃 모양, 봉오리는 붓끝 모양을 하고 있으며, 오른쪽으로 주름이 잡히고 수술은 5개이다.

※ 나팔꽃은 오존이나 환경 오염 정도에 따라 잎 표면에 붉은 반점이 생긴다. 시간이 지나면 그 뒤에 나오는 잎은 다시 정상대로 나온다.

작가 노트 _ '사랑의 속삭임'·'아침의 희망'이라는 좋은 뜻을 가졌기에 일본의 연인들이나 가정 주부들은 나팔꽃을 사다가 베란다에 놓고 정성들여 키운다.

꽃차 만드는 법

memo

꽃잎이 쉽게 손상되므로 손이 직접 닿는 것을 피한다.

만드는 법

1. 오전 10시 이전에 꽃을 채취하여 깨끗이 손질한다. 낮에는 꽃송이가 오므라들므로 신선한 것을 구별하기 어렵다.
2. 손질한 꽃을 그늘에 일주일 정도 말린다.
3. 꽃심이 두꺼우므로 마지막에 수증기에 쪄 주는 것이 좋다. 찌는 시간은 10초 내외로 2~3회 정도 반복한다.
4. 완전히 마른 꽃을 밀폐 용기에 담아 보관한다.

나팔꽃차

이뇨 작용
부종 개선

꽃차 마시는 법
말린 꽃 1~2송이를 찻잔에 담고 끓는 물을 부어 45초간 우려
내어 마신다. 남보라색은 푸른색으로, 진분홍색은 다홍색으로
찻물이 우러나온다.

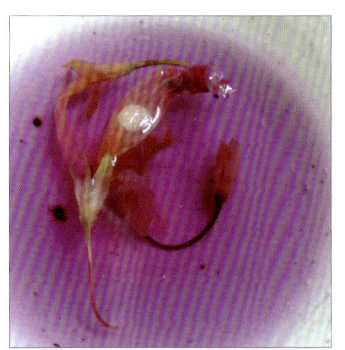

차의 맛과 효능
맛은 약간 쓰고 매우며, 성질이 차다. 이뇨 작용을 하므로 부종
이나 복수 찬 것을 개선하는 효과가 있다.

노랑꽃창포

기본 사항

학명 *Iris pseudacorus* L.

개화 5월

분포 전국 각지의 연못, 습지

약명 창포菖蒲

이용 뿌리줄기를 약용한다.

붓꽃과의 여러해살이풀로 우리나라 전국 각지의 연못이나 습지에서 자란다. 키는 60~120㎝ 내외로 자라고 5~6월에 노란색 꽃이 핀다. 수술은 6개이며 화사는 흰색이고, 잎은 뿌리에서 모여 나고 곧게 서 있다. 꽃밥은 황색을 띠며, 씨방은 원상 타원형이다. 이름에 '창포'라는 말이 들어가지만 단오에 머리를 감는 창포와는 관계가 없다.

작가 노트 _ 마치 노랑 잠자리의 날개 같다. 찬바람에 꽃잎을 파르르 떨며 때로는 팔랑거리며 내 마음에 마법을 걸어 온다. 바라볼수록 연민은 커져만 가고 삐죽 튀어나온 꽃봉오리가 금방이라도 터질 듯 마음을 비튼다.

꽃차 만드는 법

memo

정수 부분의 수분 함량 분산에 초점

만드는 법

1. 꽃을 송이째 따서 잡티를 손질한다.
2. 만일 그냥 말리기 힘들다고 생각하면 줄기까지 포함하여 15㎝ 정도 되게 길게 잘라 거꾸로 매달아 말린다.
3. 두꺼운 꽃심으로 수분이 모여들기 때문에 거꾸로 말리면 수분 줄기가 거꾸로 되므로 잘 마른다.
4. 말린 꽃은 전자레인지에 해동으로 2분씩 3~4회 반복 말려 준다. 한 번 돌리면 반드시 꺼내어 식힌 뒤에 위아래를 섞어 주고 다시 돌린다. 계속 돌리면 꽃잎이 탈 수도 있으므로 주의한다.

노랑꽃창포꽃차

이뇨 작용
부종 개선

꽃차 마시는 법

말린 꽃 1송이를 찻잔에 담고 끓는 물을 부어 우려내어 마신다.

※ 노랑꽃창포는 찻물이 노란색으로 나오고, 꽃창포는 코발트색으로 우려진다. 꽃의 색에 따라 다르게 나오는 매력도 있다. 지나치게 진하게 마시는 것보다는 바로바로 우려내어 마신다.

차의 맛과 효능

맛은 맵고 쓰며 뒷맛이 담백하다.

오래된 소화불량 · 복부팽만 · 부종을 개선한다. 이뇨 작용이 있다.

능소화

기본 사항

학명 *Campsis grandiflora*

개화 8~9월

분포 전국의 인가, 사찰

약명 여위女葳

이용 꽃이 피는 대로 채취하여 햇볕에 말려 약용한다. 어혈을 풀어 주고 이뇨 효과가 있다. 타박상에 약재 달인 물로 찜질해 준다.

능소화과의 낙엽 덩굴나무로, 우리나라 전국 각지에서 관상수로 즐겨 심는데, 오래된 한옥의 정원에서 볼 수 있다. 길이가 6~9m 내외로, 나무 줄기 등 다른 물체에 붙어 길게 감으며 높이 올라간다. 8~9월에 황적색 꽃이 핀다. 화관은 나팔 모양으로 크지만 대체로 고르지 않은 편이고 5갈래로 갈라진다. '금등화金藤花'라고도 불린다.

작가 노트 _ 하늘을 향해 태양을 향해서 당당하게 맞서는 듯 피는 꽃이다. 어느 순간 꽃잎이 바닥에 뚝뚝 떨어져 내리면 불길이 이는 듯하다.

꽃차 만드는 법

memo

색의 변화에 민감해할 필요는 없다.

만드는 법

1. 꽃을 봉오리째 따서 깨끗이 손질을 한다.
2. 일주일에서 보름 정도 말린 뒤에 수증기에 20초씩 3회 찐다.
3. 다 마른 다음에도 수분이 남아 있을 수 있으므로 프라이팬에 덖어 준다.
4. 완전히 마른 꽃을 밀폐 용기에 담아 보관한다.

※ 능소화 꽃가루가 눈에 직접 닿으면 염증을 일으키며 드물게 실명을 유발하므로 일회용 장갑을 사용하는 것이 바람직하다. 꽃가루가 인체에 미치는 영향은 먹었을 때와 다르다.

능소화차

생리불순 개선 혈액순환 개선

꽃차 마시는 법

말린 꽃 1송이를 찻잔에 담고 끓는 물을 부어 1분간 우려내어 마신다. 여러 번 우려서 마실 수 있다.

차의 맛과 효능

맛은 약간 시고 달고 쓰다. 우려내는 시간을 짧게 해서 마시면 담백함을 유지하며 마실 수 있다.

생리불순 등 여성 질환에 효과가 있지만 임신 중에는 사용을 금한다. 혈열血熱로 피부가 가려울 때 효과가 있다.

닥나무

기본 사항

학명 *Broussonetia kazinokii*

개화 4월

분포 전국의 양지바른 산기슭, 밭둑

약명 저실楮實

이용 민간에서는 백태가 낄 때, 복만 등에 약용해 왔다. 나무껍질은 한지의 원료로 쓰인다.

뽕나무과의 낙엽관목으로, 꽃은 4월에 피며 암수한그루로 잎과 더불어 수꽃 이삭과 암꽃 이삭이 동그랗게 달린다. 수꽃 이삭은 타원형이고 암꽃 이삭은 원형이다. 열매는 5~6월에 익는데 산딸기와 흡사하지만 점액질이 많고 연한 선홍색을 띤다. 열매를 '저실楮實' 또는 '구수자構樹子'라 하여 약용한다. 줄기를 꺾으면 '딱' 소리가 난다 하여 닥나무라 한다. 산기슭의 양지바른 곳이나 밭둑에서 자란다. 닥나무·삼지닥나무·애기닥나무를 모두 사용한다.

작가 노트 _ 붉은 자줏빛의 둥근 모양으로 하나씩 피는 암꽃과 수꽃이 우주를 연상케 한다. 관심을 갖지 않으면 볼 수 없는 꽃이지만 한번 들여다보면 그 아름다움에 빠져들게 된다. 꽃이 지고 나면 빨갛게 열매가 익는데 산딸기와도 비슷하다. 먹으면 느른하면서 단맛이 적어 밋밋하다.

꽃차 만드는 법

memo
꽃과 잎을 함께 사용한다.

만드는 법

1. 꽃과 잎을 함께 채취한다.
2. 통풍이 잘 되는 그늘에서 약 일주일 정도 말린다.
3. 프라이팬에 살짝 덖어 내는데, 부서지기 쉬우므로 수증기에 20초씩 약 3회 정도 쪄 주는 것도 좋다.
4. 완전히 마른 꽃을 밀폐 용기에 담아 보관한다.

닥나무꽃차

원기 회복
시력 개선

꽃차 마시는 법

말린 꽃과 잎을 함께 찻잔에 담고 끓는 물을 부어 1분간 우려
내어 마신다.

※ 다 마시고 난 뒤 꽃을 씹어 먹으면 담백한 맛이 묻어나오는데 이는
전체를 활용할 수도 있다. 흔히 버리고 없어질 것이지만 100% 활용
한다면 자원의 오남용은 없으리라 생각한다.

차의 맛과 효능

맛이 약간 달고 감미롭다. 입안의 침샘을 자극하여 소화 효소
를 생성케 하여 감미로움이 배가 된다. 이뇨 및 강장 효과가
있으며, 눈을 밝게 한다. 풍습으로 인한 사지 마비 동통, 몸이
허약해서 붓는 증상에 효과가 있다.

달맞이꽃

기본 사항

학명 *Oenothera lamarckiana*

개화 6~9월

분포 전국의 물가·길가·빈터

약명 월견초月見草, 월하향月下香

이용 가을에 뿌리를 캐서 말려 인후염·기관지염·피부염 등에 약용한다.

바늘꽃과의 한해살이풀로, 줄기는 곧게 서고 키가 90㎝~2m에 이른다. 6~9월에 노란색 꽃이 피는데, 밤에 피었다가 아침이 되면 사그라든다. 시들어 떨어질 때면 노란색 꽃잎에 붉은 기운이 돈다. 꽃받침은 4조각으로, 절반은 말리고 꽃잎은 4장이다. 8개의 수술이 있고 씨방에 털이 있다. 중국에서는 '야래향夜來香', 미국에서는 '밤의 약속evening primrose', 일본에서는 '월견초月見草'라고 한다.

작가 노트 _ 달밤에 유난히 눈부시게 피어나는 꽃. 부서져 내리는 달빛 만큼이나 청아한 모습이 마치 달이 환생한 듯하다. 은은한 향기가 이불이 되어 숙면을 도와준다. 꽃말은 '기다리는 사랑'.

꽃차 만드는 법

memo

꽃이 핀 것과 덜 핀 것을 분리해서 만든다.

만드는 법

1. 이른 아침에 핀 꽃을 채취하여 깨끗이 손질한다. 해가 뜨면 꽃잎이 오므라든다.
2. 손질한 꽃을 일주일 정도 그늘에서 말린다.
3. 완전히 마른 꽃을 밀폐 용기에 담아 보관한다.

※ 꽃이 핀 것과 피지 않은 것을 분리해서 만드는 것이 좋다. 핀 것은 위의 방법대로 하고, 덜 핀 것은 처음부터 20초씩 총 3회 쪄서 말리는 것이 좋다.

달맞이꽃차

생활습관병 예방
감기 · 인후염 개선

꽃차 마시는 법

말린 꽃 2~3송이를 200ml 용량의 다관에 담고 끓는 물을 부어
1분간 우려내어 마신다.

차의 맛과 효능

단맛이 은은하게 느껴진다.

감기와 인후염을 다스리고, 해열 효과가 있다. 콜레스테롤과
지질 성분이 과다하게 축적되는 것을 억제하여 고지혈증의 예
방과 개선 효과가 있다.

닭의장풀

닭의장풀과의 한해살이풀로, 키는 15~50㎝ 정도로 자라며 잎은 어긋나고 끝은 뾰족하며 짙은 녹색을 띤다. 7~9월에 꽃이 피는데, 송편 모양의 표엽 속에 달려 있으며, 밖의 꽃잎 3조각은 작다. 어린순은 식용하고 전초를 약용한다.

작가 노트 _ 이슬이 채 마르지 않은 이른 아침에 산책을 나서면 무성하게 우거진 수풀 속에서 작고 여린 꽃을 볼 수 있다. 한여름이면 습기 많은 땅에서 흔하게 피어나는데 생명력이 매우 강하다. 꽃잎을 주의깊게 보는 사람은 드물지만 닭벼슬처럼 생긴 꽃잎이 볼수록 앙증맞다. 꽃을 따서 잠시 놓아두면 꽃이 꽃받침 속으로 쏙 들어간다. 달을 반으로 접은 듯한 파란 깍지 안으로 숨어 버리는 잉크 요정 같다. 꽃을 손으로 만지면 잉크가 묻어나듯이 색소가 나온다.

꽃차 만드는 법

memo

꽃잎이 연하므로 세심한 주의가 필요!

만드는 법

1. 닭의장풀꽃을 송이째 채취하여 깨끗이 손질한다.
2. 손질한 꽃을 그늘에서 말린다. 꽃잎이 얇아서 뭉개지기 쉬우므로 조심해서 다룬다.
3. 마른 꽃을 수증기에 10초씩 총 3회 쪄서 다시 말린다.
4. 완전히 마른 꽃을 밀폐 용기에 담아 보관한다.

닭의장풀꽃차

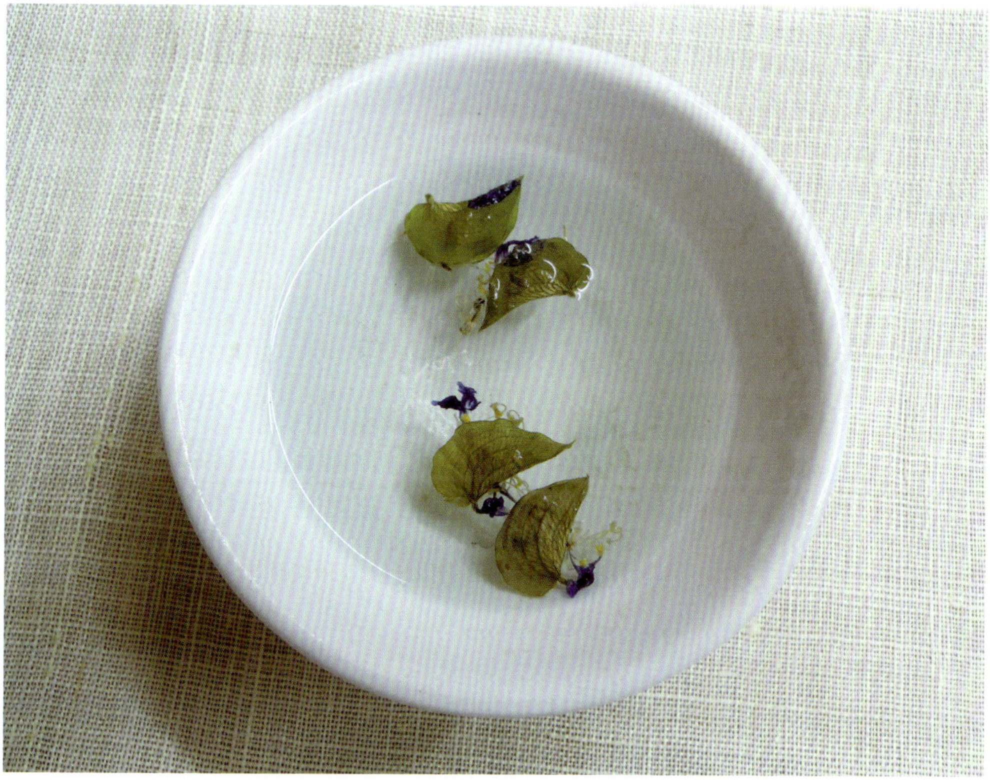

해열 작용

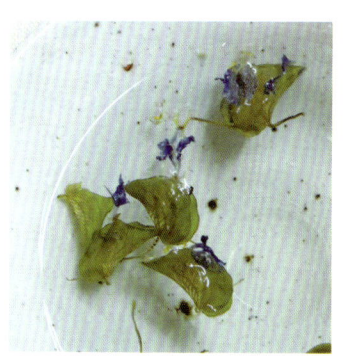

꽃차 마시는 법

말린 꽃 2~3송이를 찻잔에 담고 끓는 물을 부어 1분간 우려내어 마신다.

끓는 물이 닿으면 반달 모양의 꽃받침 속에 숨었던 꽃이 펼쳐지는 모습이 재미있다.

차의 맛과 효능

맛은 달고 쓰며 성질이 차다.

이뇨 · 해열 작용을 한다. 당뇨병을 개선하는 효과가 있다.

대나무

기본 사항

학명 _Pseudosasa japonica_ Makino

개화 4월

분포 남부 지방

약명 죽엽竹葉, 죽력竹瀝(기름)

이용 대나무는 죽세공품의 재료가 되고, 죽력은 고혈압에 약용하며, 죽엽은 해열·거담·청량 등의 효능이 있어 폐렴·기관지염·당뇨병 등에 약용한다.

대나무는 화본과의 상록성 여러해살이 식물로, 종류가 다양하다. 대표종인 왕대를 많이 식재하는데, 땅속줄기로 길게 옆으로 뻗으며 해마다 5월 중순에서 6월 중순에 죽순을 올린다. 식용하는 어린순을 '죽순竹筍'이라 하고, 진액을 죽력 '竹瀝'이라 하며, 겉껍질을 벗겨 낸 섬유질을 '죽여竹茹'라고 한다. 대나무류의 꽃은 모양이 벼이삭과 비슷하다. 사실 대나무의 꽃은 대나무의 번식과는 무관하다.

작가 노트 _ 1년 내내 푸르름을 자랑하며 곧게 서 있는 대나무를 바라보면 움츠렸던 가슴을 활짝 펴게 된다. 예전에는 기운이 쇠하면 꽃이 핀다고 했지만 쉽게 볼 수 있는 꽃은 아니다. 곧게 선 가지 끝에 낱알낱알 붙어 있는 꽃이 손을 대자마자 와르르 쏟아져 버릴 것만 같다.

꽃차 만드는 법

memo

긴 꽃을 마디마디 떼어 낸다.

만드는 법

1. 대나무꽃을 채취하여 깨끗이 손질한다. 옆의 그림은 조릿대(산죽)의 꽃이다.
2. 손질한 꽃을 일일이 떼어 낸 뒤 그늘에 말려 프라이팬에 넣고 살짝 볶는다.
3. 완전히 마른 꽃을 밀폐 용기에 담아 보관한다.

대나무꽃차

해열 작용

꽃차 마시는 법

말린 꽃 4~5개를 찻잔에 담고 끓는 물을 부어 2~3분간 우려
내어 마신다.

차의 맛과 효능

대나무는 달고 차가운 성질을 가지고 있으며, 마음의 열과 위
에서 생기는 열을 다스린다.

데이지

기본 사항

학명 *Bellis perennis*
개화 봄~가을
분포 관상용으로 재배
약명 ─
이용 유럽에서 잎을 식용한다.

국화과의 한해살이풀로 크린산테뭄류킨테뭄과 밸리스피렌니스를 가리킨다. 홍자색·분홍색·흰색 등의 꽃이 봄부터 가을까지 핀다. 유럽에서는 잎을 식용한다. 꽃말은 '희망·평화'이다.

작가 노트 _ 하우스 안에서 붉은 열기를 토해 내는 꽃을 바라보는 순간 심장이 요동을 친다. 또랑또랑한 꽃잎이 거칠게 보여도 솜털처럼 부드럽다. 물속에서 색다른 모습으로 피어나는 꽃, 오늘 내가 살아가는 모습이 아닐까.

꽃차 만드는 법

memo
잔여 수분에 세심한 주의가 필요하다.

만드는 법

1. 꽃송이와 줄기를 분리하여 꽃송이만 준비한다.
2. 막 피어난 꽃은 건조 과정 중 분리되는 확률이 없으므로 뒤집어서 그늘에서 말린다.
3. 수분이 많은 꽃이라서 열흘 뒤에도 수분이 남아 있는 경우가 종종 있다.
4. 잔여 수분을 없애기 위해 햇볕에 1~2시간 노출시켜도 좋다.

데이지꽃차

항산화 작용
면역력 강화

꽃차 마시는 법

말린 꽃 3송이를 찻잔에 담고 끓는 물을 부어 우려내어 마신
다.

차의 맛과 효능

성질이 차다. 맛이 풋풋하면서도 뒷맛이 깔끔하다. 우아한 분
위기를 연출한다.

항산화 작용·면역력 증강 효과가 있다.

도라지

학명 *Platycodon grandiflorum*

개화 7~8월

분포 전국 산지에 자생. 재배

약명 길경桔梗

이용 도라지 뿌리는 제상에 빠지지 않고 오르는 의미 있는 나물이며, 봄에 돋아나는 어린순도 맛있는 나물이 된다.

초롱꽃과의 여러해살이풀로, 키는 50~100㎝이다. 잎은 어긋하게 나거나 돌려나고, 꽃은 7~8월에 흰색이나 보라색으로 핀다. 화관은 5갈래로 갈라지며 꽃받침도 5조각으로 갈라진다. 5개의 수술이 있고, 말린 뿌리를 '길경桔梗'이라 하여 한방에서 약재로 쓴다.

작가 노트 _ 산기슭 비탈진 곳에 피어나, 적삼을 땀으로 적시며 일하던 우리 어머니들의 동무가 되어 주던 꽃이다. 풍선처럼 부풀어 올랐다가 어느 순간 탁 터지며 피어나는 도라지꽃은 신비스럽기까지 하다. 보랏빛과 하얀빛이 어울려 초록 물결 사이로 춤 출 때 잠시 땀 식히며 가만히 바라본다.

꽃차 만드는 법

memo

<u>찔 때는 재빨리 찌는 것이 중요하다.</u>

만드는 법

1. 도라지꽃은 흰색과 보라색 모두 사용 가능하다.

2. 봉오리가 좋으나 핀 꽃도 괜찮다.

3. 수증기에 약 10초 내외로 3회 정도 쪄서 말리는 것이 좋지만 그냥 그늘에서 말려 사용해도 좋다. 다만 습기가 많은 시기라서 곰팡이가 생길 수 있으니 주의를 요한다.

4. 완전히 마른 꽃을 밀폐 용기에 담아 보관한다.

※ 설탕이나 꿀에 재웠다가 사용해도 좋다. 이때 설탕 시럽을 만들어 사용하되 뿌리 삶은 물로 시럽을 만들어 쓰면 더 효과적이다.

도라지꽃차

가래를 없애 준다

꽃차 마시는 법
말린 꽃 2~3송이를 찻잔에 담고 끓는 물을 부어 1분간 우려내어 마신다.

차의 맛과 효능
맛은 약간 쓰고 약간 매우며 약간 달고 담백하다.
해수·가래·코 막히는 증상을 완화하는 효과가 있다.
뿌리는 진정·진통·해열·배농排膿·항염증·면역 기능 항진·혈당 강하·항암 작용 등이 밝혀졌다.

동백

기본 사항

학명 *Camellia jaonica* L.

개화 12~4월

분포 제주도에서 중부 해안에 이르는 지역

약명 산다화山茶花, 동백冬柏

이용 꽃송이를 채취하여 햇볕에 말리거나 불에 말려 토혈·월경과다·산후출혈·화상·타박상 등에 약용한다.

차나무과의 상록활엽 소교목으로, 키는 7m 정도로 자라며 나무껍질은 회갈색으로 밋밋하다. 붉은색 또는 흰색 꽃이 가지 끝에서 피는데, 수술은 다수이고 '화사花絲'는 흰색이며 꽃밥은 황색이다. 늦가을에 동그란 열매가 열리는데, 씨에서 추출한 지방유를 '동백유'라고 한다. 꽃에는 타닌, 카멜리아게닌 A·B, 류코시아니딘 등의 성분이 들어 있다.

작가 노트 _ 동백꽃을 볼 때면 뱃고동 소리가 들리는 듯하다. 피어 있는 꽃도 예쁘지만 온통 붉은 피바다가 되어 버린 낙화는 더 아름답다. 붉은 그 꽃길에 하냥 서 있고 싶은 것이 세월 따라 익어 가는 사람의 마음이 아닌가 싶다.

꽃차 만드는 법

memo
먼저 찐 것은 검붉은색
나중에 찐 것은 붉은색

만드는 법(홑동백 : 일반 동백 또는 애기동백)

1. 동백 꽃을 채취하여 깨끗이 손질한다.
2. 손질한 꽃을 찜기에 넣어 1분간 쪄서 얇게 펴서 말린다. 꽃심 밑부분에 끈끈한 점액질이 많으므로 한 번 쪄 주는 것이 좋다. 따뜻한 방바닥에서는 4~5일 정도면 마른다.
3. 완전히 마른 꽃을 밀폐 용기에 담아 냉동 보관한다.

※ 동백은 점액질이 많아 잘 마르지 않는다. 따라서 차의 재료로 쓸 때는 향이나 맛이 더 부드러운 겹동백을 쓰는 것이 좋다.

동백꽃차

월경 과다 개선
지혈 작용

꽃차 마시는 법
말린 꽃 1~2송이를 찻잔에 담고 끓는 물을 부어 1분간 우려내
어 마신다.

차의 맛과 효능
맛이 담백하고 순하며 풋내가 느껴진다.
인후통을 완화하고 지혈 작용을 한다. 모근을 튼튼히 하여 탈
모를 예방한다.

둥굴레

기본 사항

학명 *Polygonatum Odoratum*

개화 5~6월

분포 전국의 산과 들

약명 옥죽玉竹

이용 **한**방에서 뿌리줄기를 번갈·당뇨·심장쇠약 등에 처방한다.

백합과의 여러해살이풀로, 육질이 굵은 뿌리줄기는 옆으로 뻗으며 번식한다. 6~7월에 15~20㎜ 정도 되는 녹색을 띤 흰 꽃이 1~2개 정도 잎겨드랑이에 달린다. 꽃잎은 종처럼 생겼으며 약 2㎝이고, 끝이 6개로 갈라진다. 봄철에 어린순을 나물로 먹으며, 늦가을에서 이른봄 사이에 뿌리를 캐서 찌고 말려 약으로 쓴다. 뿌리 역시 굽거나 쪄서 먹으면 맛이 있다. 왕둥굴레·퉁둥굴레·무늬둥굴레 등을 같은 용도로 쓴다.

작가 노트 _ 작고 가느다란 종 모양의 하얀 꽃들이 줄기를 따라 올라가며 차례차례 피어 있다. 꽃을 보려면 땅바닥에 쪼그리고 앉아야 한다.

꽃차 만드는 법

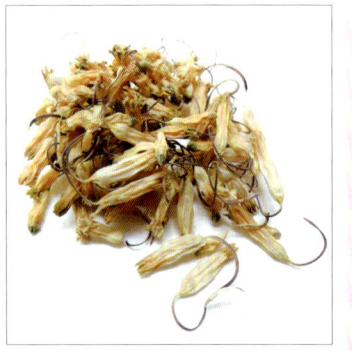

memo

마지막에 덖어서 구수한 맛을 첨가한다.

만드는 법

1. 둥굴레꽃을 채취하여 깨끗이 손질한다.
2. 손질한 꽃을 그늘에서 말린다.
3. 수증기에 15초씩 총 3회 찐 뒤에 프라이팬에 가볍게 덖어서 잔여 수분을 정리한다.
4. 완전히 마른 꽃을 밀폐 용기에 담아 보관한다.

둥굴레꽃차

혈압 강하
구강 건조증 개선

꽃차 마시는 법

말린 꽃 5~7송이를 찻잔에 담고 끓는 물을 부어 1분간 우려내
어 마신다.

차의 맛과 효능

달고 평하며 풋풋하다.

혈압 강하 · 항당뇨 · 해열 작용이 있으며, 입이 마르는 증상을
개선하는 데 도움이 된다. 항산화 작용을 한다.

등나무

기본 사항

학명 *Wisteria floribunda*

개화 5월

분포 전국 각지

약명 다화자등多花紫藤

이용 샐러드나 얼음꽃 만들기에 적합하다.

콩과의 낙엽 덩굴나무로 5월에 연한 자줏빛이거나 흰색의 꽃이 핀다. 오른쪽으로 감으면서 타고 올라가 여름에 시원한 그늘을 만들어 주는 고마운 나무이기도 하다. 한 송이에 버선 모양의 꽃이 다발을 이루듯 꽃이 피는데, 꽃이 진 뒤에 과실이 성숙하며 껍질이 단단한 콩처럼 익는다. 최근에는 등나무 혹을 항종양제로 쓴다.

작가 노트 _ 더위가 시작될 무렵이면 언제나 등나무 그늘에 앉아 고개를 젖히면 연보랏빛의 등나무꽃이 성스럽게 피어 있다. 보랏빛으로 풍성하게 늘어져 있는 꽃을 보노라면 마음에 여유가 찾아온다. 요란하지 않은 화려함, 풍성함 그리고 시원한 그늘……. 잠시 감미롭고 신비스러운 기분에 빠져들어 본다.

꽃차 만드는 법

memo
색이 변하는 것에 세심한 주의가 필요하다.

만드는 법

1. 등나무꽃을 채취하여 깨끗이 손질한다.
2. 손질한 꽃을 5일간 그늘에 말린 뒤 다시 햇볕에 말려 습기를 완전히 제거한다.
3. 완전히 마른 꽃을 밀폐 용기에 담아 보관한다. 습기에 매우 약하므로 말린 즉시 밀폐 용기에 넣어야 한다.

※ 꽃잎이 마른 뒤에는 얇아지고 환경에 예민해지므로 팬에 덖는 것은 가급적 피한다.

등나무꽃차

근육과 골격의
동통 완화

꽃차 마시는 법

말린 꽃 1티스푼을 찻잔에 담고 끓는 물을 부어 1분간 우려내어 마신다.

차의 맛과 효능

맛은 달고 성질은 평하다. 입안에 퍼지는 은은한 향은 5월의 향수를 불러온다. 근육과 골격의 동통을 개선하는 데 효과적이다.

※ 과음하면 설사를 유발하므로 적당량을 마신다.

때죽나무

기본 사항

학명 *Styrax japonica* Sieb. et Zucc

개화 5~6월

분포 중부 이남 100~1,600m 고지의 양지바른 산기슭, 계곡가

약명 매마등買麻藤

이용 꽃을 채취하여 햇볕에 말려 기침 가래·관절통·골절상에 약용한다.

때죽나무과의 낙엽관목으로 키는 10m에 이르고 가지가 옆으로 퍼져 나무 전체가 둥그스름하다. 5~6월에 하얗고 향기가 짙은 꽃이 밑으로 드리운 형태로 2~5개, 간혹 1개가 핀다. 꽃심이 두터운데, 손이 닿거나 스치기만 해도 갈변되는 특징이 있다. 이 꽃을 '매마등買麻藤'이라 하여 풍습성 관절염이나 타박상, 사지신경통에 두루 쓴다. 6월부터 파란색 열매가 맺혀 9월이 되면 회백색으로 익는데, '제돈과齊墩果'라 한다. 조경수로 많이 심어진다.

작가 노트 _ 사람의 착한 마음을 닮은 꽃이라 하여 '인선화人善花'라고도 하는 때죽나무의 꽃은 숲속의 교향곡을 연주하는 듯한 방울 모양의 꽃이 수없이 많이 달려 있다. 일제히 하얀 꽃을 피우고 진한 향기를 품어 주위를 하나로 만든다.

꽃차 만드는 법

memo

온도에 예민하다. 반드시 장갑을 착용한다.

만드는 법

1. 때죽나무꽃을 채취하여 깨끗이 손질한다.
2. 손질한 꽃을 그늘에서 말린다. 꽃이 두툼해서 빨리 마르지 않으므로 바람이 잘 통하는 곳에서 말려야 한다.
3. 마른 꽃을 수증기에 20초씩 총 3회 쪄 준 뒤 다시 말린 뒤 마지막으로 햇볕에서 바싹 말려 습기를 완전히 제거한다.
4. 완전히 마른 꽃을 밀폐 용기에 담아 보관한다.

※ 열매에 독성이 있다고 여기는 사람도 많은데, 열매와 달리 꽃은 예부터 사랑받던 꽃 가운데 하나다.

때죽나무꽃차

인후염 개선
치통 개선

꽃차 마시는 법
말린 꽃 3~5송이를 찻잔에 담고 끓는 물을 부어 1분간 우려내어 마신다.

차의 맛과 효능
맛은 맵고 약간 달며 성질은 따뜻하다.
부드러운 단맛과 함께 향기가 입안에서 느껴진다. 풍습성 관절염·타박상·사지신경통을 개선하는 효과가 있으며, 청화淸火 작용이 있어서 인후염과 치통을 개선한다.

뚱딴지

기본 사항

학명 *Helianthus tuberosus* L.

개화 8～10월

분포 전국 각지에서 재배 또는 자생

약명 국우菊芋

이용 한방에서는 뿌리를 해열 및 과다 출혈을 멎게 하는 데 쓴다.

국화과의 여러해살이풀로, 8～10월에 줄기와 가지 끝에 지름 8㎝ 정도의 노란색 두상화(꽃대 끝에 꽃자루가 없는 많은 작은 꽃이 모여 피어 머리 모양을 이룬 꽃)가 핀다. 꽃잎은 9장이고 감싸듯 하늘을 보고 있다. 최근에는 돼지감자의 덩이뿌리가 생활습관병에 효과가 있다는 사실이 알려져 자원화되고 있다.

작가 노트 _ 가을바람이 불기 시작하면 허리를 부여잡고 노란 꽃을 피워 내는 꽃. 뚱딴지란 이름은 뿌리 모양이 울퉁불퉁 못생겨서 붙여졌는지도 모르겠다. 해바라기 같기도 하고 루드베키아 같기도 하다. 하늘을 받치고 피어난 듯이 꽃잎이 하늘을 떠받들고 있는 듯하다.

꽃차 만드는 법

memo

처음 꽃이 필 때가 아닌 두 번째 꽃부터 채취한다.

만드는 법

1. 뚱딴지꽃은 꽃송이째 만드는 것이 좋다.
2. 수증기에 쪄서 말리는데 조금 오래 두면 꽃심이 까맣게 변한다. 20초씩 나누어서 3회 찐다.
3. 얇게 펴서 바람이 잘 통하는 그늘에서 말린다.
4. 완전히 마른 꽃을 밀폐 용기에 담아 보관한다.

※ 뚱딴지 꽃은 수증기에 찌지 않으면 꽃심이 흐트러지기 쉽다. 지나치게 많이 찌면 꽃잎이 떨어질 수 있으므로 주의한다.

뚱딴지꽃차

지혈 작용
해열 작용

꽃차 마시는 법
말린 꽃 1~3송이를 찻잔에 담고 끓는 물을 부어 1분간 우려내
어 마신다.

차의 맛과 효능
맛은 약간 달고 약간 매우며 독특한 향기가 있다.
열병으로 인한 열을 내려 주며, 지혈·이뇨 작용을 한다. 당뇨
병을 개선하는 효과가 있다.

마타리

기본 사항

학명 *Patrinia scabiosifolia*

개화 7~9월

분포 전국의 산기슭 초원

약명 패장敗醬(뿌리)

이용 뿌리는 진정 작용을 하고 간세포의 재생을 촉진하며, 변성을 방지하는 효과가 있으며 잇몸 염증에 약용한다.

마타리과의 여러해살이풀로 키는 1.5m 정도로 자라고, 8~9월에 노란색 꽃이 가지 끝에 자잘하게 모여 핀다. 어린순은 나물로 먹고 뿌리를 약용한다. 뿌리에서 장 썩은 냄새가 난다 하여 '패장敗醬'이라고 한다.

작가 노트 _ 여름이 떠나가는 길목에서 맑은 바람 불어오면 피어나는 꽃이 마타리꽃이다. 가는 허리 길게 빼고 하늘거리며 가을 마중하러 나오는 꽃이다. 바람이 부는 대로 가는 몸을 흔들며 가을을 부르는 마타리는 약효 또한 좋은 식물이다.

꽃차 만드는 법

만드는 법

1. 마타리꽃은 작으므로 작은 꽃송이를 분리하듯이 손질하는 것이 좋다.
2. 그늘에서 말린 뒤 수증기에 20초씩 총 3회 쪄 준다.
3. 찐 꽃을 다시 그늘에서 말려 수분을 없앤다. 차로 완성되기 전의 향은 그다지 좋지 않다.
4. 완전히 마른 꽃을 밀폐 용기에 담아 보관한다.

memo

맨 처음 핀 꽃을 채취해야 꽃차가 아름답게 만들어진다.

마타리꽃차

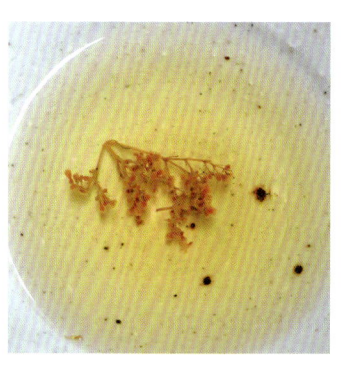

감기몸살 개선

꽃차 마시는 법
말린 꽃 작은 송이를 1~2개 넣고 끓는 물을 부어 우려내어 마신다.

차의 맛과 효능
맛은 달고 성질은 평하다. 어혈로 인한 동통, 산후 어혈 복통, 불면증으로 인한 신경쇠약 및 신경쇠약 증후군에 효과가 있다. 감기로 인한 오한과 코 막힘, 전신통에 뚜렷한 개선 효과가 나타난다.

※ 꽃차로 완성되기 전과 완성된 뒤의 향이 전혀 다르다. 우리기 전의 향은 좋지 않지만 차 맛은 담백하고 은은한 향기가 있다.

매발톱

기본 사항

학명 *Agulilegia buergeriana*

개화 4월

분포 산지 숲속, 관상용으로 재배

약명 누두채漏斗菜

이용 아삭거리는 꽃의 질감이 매우 좋아 꽃샐러드의 재료로도 좋다.

미나리아재비과의 여러해살이풀로 키가 50~70㎝로 자란다. 줄기는 곧고 매끄러우며 윗부분에서 가지가 갈라진다. 4월에 흰색·보라색·자홍색 등 다양한 색의 꽃이 피는데, 꽃잎 끝부분이 날렵하고 줄기 하나에 꽃 한 송이가 핀다. 꽃받침이 매의 발톱을 닮았다고 하여 '매발톱'이라는 이름이 붙었다.

작가 노트 _ 매의 발톱과 같이 날렵한 선을 자랑하는 꽃이다. 매서운 듯 고운 선의 꽃이기에 하늘가에 어울린다. 매발톱꽃은 긴 꿀 주머니를 가지고 있어서 긴 주둥이를 가진 곤충만이 꿀주머니에 다다를 수 있다고 한다.

꽃차 만드는 법

만드는 법

1. 꽃송이를 따서 그늘에서 말린다. 여러 가지 색 모두 사용 가능하며, 산매발톱도 사용할 수 있다.
2. 수증기에 쪄서 말려도 사용 가능하나 수분이 많고 꽃잎이 약하므로 그냥 말려서 사용하는 것이 바람직하다.
3. 완전히 마른 꽃을 밀폐 용기에 담아 보관한다.

memo
꽃색에 따라 저마다 찻물이 다르다.

매발톱꽃차

생리불순 개선
혈액순환 개선

꽃차 마시는 법
말린 꽃 1~2송이를 찻잔에 담고 끓는 물을 부어 우려내어 마신다.

차의 맛과 효능
맛이 달고 쓰며 성질은 서늘하다. 매발톱 꽃에 함유된 시안 글리코시드의 화학적 구조가 완전하게 알려지지 않아서 독이 있을 수 있다는 견해가 있다. 생리불순과 어혈에 효과가 있다.

※ 일본에서는 5월 5일 남자아이들에게 매말톱꽃을 주었다. 용맹과 건강의 상징적인 의미가 있다.

매실나무

기본 사항

학명 *Prunus mume* Sieb. et Zucc

개화 2~4월

분포 제주·남부·중부 지방

약명 오매烏梅

이용 꽃의 향기가 좋고 맛이 있어서 꽃얼음의 좋은 재료가 된다.

장미과의 낙엽 소교목으로, 꽃을 '매화梅花', 열매를 '매실梅實'이라 하여 다양한 방법으로 식용한다. 키는 5~6m 정도 자라며 어린 가지는 녹색이고 묵은 가지는 갈색이다. 2~3월에 흰색 또는 연분홍색 꽃이 지난해 가지의 잎겨드랑이에서 꽃대 없이 1~3개가 잎보다 먼저 핀다. 6월에 열매가 노랗게 익는데 약으로 사용하는 '오매烏梅'는 성숙하기 전의 녹색을 띨 때 거두어 가공하여 해독제·거담제로 쓰고, 가슴이 답답할 때도 처방한다.

작가 노트 _ 혹독한 추위 속에서도 어김없이 흰 눈과 함께 피어나서 사람들의 마음을 설레게 하고 봄이 왔음을 일깨워 주는 봄의 전령이다. 그래서 옛사람들은 매화꽃을 '회춘화'라고 불렀다고 한다. 꽃잎 하나 띄우면 마음까지 평온하게 즐길 수 있는 묘약이 된다.

꽃차 만드는 법

memo
찌지 않고 사용해도 무방하다.

만드는 법

1. 매화를 따서 깨끗이 손질한다.
2. 손질한 매화를 그늘에 잘 말려 증기에 약 10초간 쪄서 다시 말린다.
3. 완전히 마른 꽃을 밀폐 용기에 담아 보관한다.

※ 매실차는 잘 익은 매실로 담그어야 향도 좋고 맛도 좋다. 약으로 쓰는 것이 아니라면 누렇게 익은 매실을 사용하는 것이 더욱 향기롭다.

매화차

가슴 답답증 개선
춘곤증 개선

꽃차 마시는 법
말린 매화 2~3송이를 찻잔에 담고 끓는 물을 부어 1분간 우려
내어 마신다.

차의 맛과 효능
맛은 달고 시며 성질이 따뜻하다. 봄에 주로 나타나는 춘곤증
에 더없이 좋으며, 답답한 속을 시원하게 해 준다. 갈증을 해소
하고 숙취를 없애며, 기침과 구토 증세를 다스린다.

맥문동

기본 사항

학명 *Lirope platuphylla* Wang et Tang

개화 5~6월

분포 남부·중부 지방

약명 맥문동麥門冬

이용 피고 지는 기간이 길어 여름철 꽃이 귀할 때 꽃얼음의 좋은 재료가 된다.

백합과의 여러해살이풀로, 잎은 다수 모여 나며, 겨울에도 잎이 지지 않고 푸른색을 그대로 지니고 있다. 5~6월에 연한 보라색 꽃이 잎 사이에서 길게 나온 꽃자루 위에 무리지어 핀다. 늦여름에서 가을 사이에 성숙하는 열매는 둥글고 검은색이다. 가뭄과 추위를 잘 견디고 그늘에서도 무리지어 잘 자라므로 뜰 가장자리에 관상용으로 심는다. 이른봄에 맥문동 묵은 잎을 흙 바로 위에서 바짝 잘라 주면 살진 새순이 보기 좋게 올라와 풍성하게 자란다.

작가 노트 _ 친정아버지의 정이 묻어나는 꽃이다. 초록 잎새도 늘 한결같고, 꽃이 피기 시작하면 곧게 솟은 보랏빛 꽃대가 한 달이 넘게 피고 진다. 좁쌀만 하게 붙어 있는 꽃을 보면 늘 마음이 차분해진다. 짙은 향은 없어도 피어 있는 자체가 향이려니 생각하면 절로 향이 새어 나오는 듯하다.

꽃차 만드는 법

memo

꽃을 훑을 때는 역방향으로!

만드는 법

1. 맥문동꽃은 밑부분부터 돌아가듯 피면서 올라가기 때문에 밑부분을 잡고 끌어올리듯 훑어 딴다.
2. 손질한 꽃을 그늘에 얇게 펴서 말린다.
3. 수증기에 찌거나 덖지 않고 사용해도 된다.
4. 완전히 마른 꽃을 밀폐 용기에 담아 보관한다.

※ 수증기에 15초씩 총 3회 쪄서 만들면 찻물이 잘 우러나오고 깨끗하다.

맥문동꽃차

자양 강장

꽃차 마시는 법

말린 꽃 1/2스푼을 찻잔에 담고 끓는 물을 부어 우려내어 마신다.

※ 찻잔에서 톡톡 피어나는 꽃이 밤하늘의 별을 보는 듯하다.

차의 맛과 효능

맛은 달고 쓰며 성질은 차갑다. 자양 강장 효과가 뛰어나고, 혈당의 수치를 내리는 효과가 있다. 강심强心 · 진해 · 거담 작용이 있다. 단맛과 담백함이 묻어나는 꽃이며 물이 뜨거울수록 맥문동꽃이 물의 표면에서 탁탁 피어나는 것을 볼 수 있다.

맨드라미

기본 사항

학명 *Celosia cristata* L.

개화 7~10월

분포 전국의 인가 마당

약명 계관화鷄冠花

이용 이마와 머리카락에 종기가 났을 때 신선한 맨드라미를 짓찧어 설탕을 넣고 환부에 붙이면 효과를 볼 수 있다. 장염으로 인해 오랫동안 설사가 그치지 않거나 만성 이질로 인한 설사에도 처방한다. 타박상을 낫게 하고 시력을 증강시켜 주는 효도도 있다.

비름과의 한해살이풀로 전체에 털이 없으며 줄기는 곧고 키는 약 1m에 달한다. 꽃은 8~9월에 노란색·주황색·빨간색 등으로 다양하게 핀다. 꽃대의 상단은 닭 벼슬 모양이고 아랫면에 잔꽃이 핀다. 꽃받침은 5조각이고 수술은 5개이며, 암술은 1개이고 화주는 길다. 종자는 검은색으로 광택이 난다. 맨드라미는 예부터 떡에 장식으로 얹는 등 식용으로 친근한 꽃이다.

작가 노트 _ 매미 소리 드높은 여름의 절정에서 피어나는 붉은 요정 맨드라미. 여름이 가는 것이 아쉬워서인지, 가을이 오는 것이 반가워서인지 파란 하늘가에 붉은빛이 유난히 선명하다.

꽃차 만드는 법

만드는 법

1. 씨를 제외한 윗부분만 준비하여 사이사이에 낀 거미줄이나 이물질을 깨끗이 제거한다.
2. 손질한 꽃을 2~3㎜ 정도로 잘게 찢어 그늘에 말린 것을 프라이팬에 살짝 덖는다.
3. 완전히 마른 꽃을 밀폐 용기에 담아 보관한다.

※ 맨드라미꽃을 물에 씻으면 수분이 스펀지처럼 꽃잎에 스며들어 차를 만드는 데 방해가 된다.

memo
덖어 주어야 아린 맛이 없어진다.

맨드라미꽃차

어혈 개선
지혈 작용

꽃차 마시는 법

말린 꽃 3~4조각을 찻잔에 담고 끓는 물을 부어 1분간 우려내
어 마신다. 향이 미묘해서 녹차를 조금 섞으면 향이 더 살아난
다.

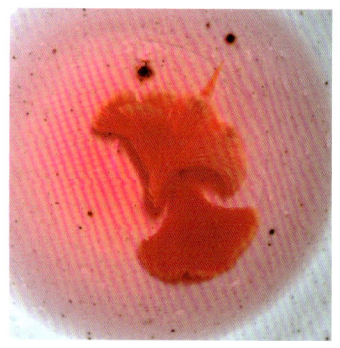

차의 맛과 효능

맛은 달고 성질은 서늘하다.

치질로 인한 출혈이나 대소변 출혈, 자궁 출혈, 토혈 및 피를
포함한 가래기침, 생리 과다, 하혈, 요결석, 대하증 등을 치료
하는 데 쓰인다.

꽃 찌꺼기를 목욕재로 쓰면 좋다.

머위

기본 사항

학명 *Petasites japonicus*

개화 2~3월

분포 전국 각지의 습한 땅

약명 관동화款冬花

이용 장아찌·나물로 이용한다. 알칼리성 식품으로 해독 작용이 뛰어나 암을 예방한다. 천식을 개선하며, 식욕 증진 효과가 있다.

국화과의 여러해살이풀로 식물 전체에 엷은 회갈색 연모가 밀포한다. 꽃은 3월에 피는데 키가 20㎝ 내외지만 보통 10㎝ 높이에서 피므로 눈에 잘 띄지 않는다. 연백색으로 꽃은 가장자리부터 가운데까지 순차적으로 핀다. 어린순과 성숙한 줄기를 나물로 먹고, 뿌리를 약용한다. 습기 있는 땅에서 잘 자라므로 이용 가치가 큰 자원식물이다.

작가 노트 _ 땅에 바짝 붙어 피는 머위꽃은 꽃인지 풀인지 쉽게 구분이 안 된다. 하지만 자세히 들여다보면 작은 꽃들이 뱅글뱅글 돌아가면서 하나 가득 피어서 한 덩어리의 큰 꽃을 이루고 있는 것을 볼 수 있다. 꽃인지 잎인지 구분이 잘 안 되지만 분명히 꽃이다. 봄의 희망을 표현하는 꽃. 그래서 '땅 위의 에메랄드'라고 불러 본다.

꽃차 만드는 법

memo
그늘에서 말려 사용한다.

만드는 법

1. 막 개화한 꽃을 채취하여 깨끗이 손질한다.
2. 끓는 물에 소금을 약간 넣고 머위꽃을 넣어 데쳐 찬물에 헹구어 물기를 꼭 짠다. 쓴맛이 나므로 찬물에 담가 두었다가 사용하는 것이 좋다.
3. 완전히 마른 꽃을 밀폐 용기에 담아 보관한다.

다른 방법

깨끗이 손질한 꽃을 일주일 정도 그늘에서 말린다. 완전히 마른 꽃을 밀폐 용기에 담아 보관한다.

머위꽃차

봄철 식욕 증진

꽃차 마시는 법
말린 꽃 1송이를 찻잔에 담고 끓는 물을 부어 40초간 우려내어 마신다. 오래 우리면 쓴맛이 나므로 짧게 우려내어 마신다.

차의 맛과 효능
맛은 약간 쓰고 맵고 달며 성질은 평하다.
쓴맛이 입을 개운하게 하고 기분을 호전시키므로 식후에 마시면 좋다. 천식을 개선하고 식욕을 증진하는 효과도 있다.

※ 나물로 먹는 머위는 알칼리성 식품으로 해독 작용이 뛰어나 암을 예방한다.

모과나무

기본 사항

학명 *Chaenomeles sinensis* Koehne

개화 4~5월

분포 전국

약명 목과木瓜

이용 성질이 따뜻하고 맛이 시며 독이 없다. 습기를 물리치고 통증을 진정시킨다. ─ 동의보감東醫寶鑑

장미과의 낙엽교목으로, 키가 4~5m에 달한다. 잎은 어긋나고, 꽃은 분홍색으로 5월에 피는데, 가지 끝에 한 송이씩 피는 특징이 있다. 꽃잎은 5장이며, 꽃밥은 황색이다. 열매는 처음엔 녹색을 띠다가 익을수록 노란색을 띠며 모양이 울퉁불퉁해진다. 향이 매우 좋지만 그에 비해 맛이 시고 떫으며 껍질이 단단하여 날로 먹기가 어렵다. 주로 차의 재료로 쓴다.

작가 노트 _ 모과는 꽃이 한 송이씩 따로 핀다. 손을 대기가 조심스러운 꽃이다. 오월이면 가슴을 두근거리게 하는 꽃이다. 가을 어느 날 찬 서리 내린 뒤에 노랗게 익어 바람에 툭 하고 떨어진 모과를 주워다 방 한구석에 놓으면 봄의 두근거림이 비로소 가라앉는다. 모과 향기가 주는 따뜻함 때문이리라.

꽃차 만드는 법

만드는 법

1. 모과나무꽃을 따서 손질한다.
2. 수증기에 약 10초 찌고 식혀서 다시 찌는 것을 2~3회 반복한다.
3. 얇게 펴서 통풍이 잘되는 그늘에서 말린다.
4. 완전히 마른 꽃을 밀폐 용기에 담아 보관한다.

※ 꽃을 찌지 않고 말리면 습기에 약해서 벌레가 쉽게 생긴다. 반드시 쪄서 말리는 것이 좋다.

memo

반드시 살충 과정을 거쳐야 한다.

모과나무꽃차

감기 개선
기관지염 개선

꽃차 마시는 법

말린 꽃 5~7송이를 찻잔에 담고 끓는 물을 부어 우려내어 마신다. 연한 핑크빛으로 다시 피어나는 꽃이 참 예쁘다.

차의 맛과 효능

맛이 떫으며 성질이 따뜻하다.

열매인 모과는 각기병 치료에 중요한 약재일 뿐만 아니라 관절통의 원인인 풍습을 방지하고 좌골 신경통을 치료하며 관절염 등의 다발성 신경염을 초기에 치료하는 효과가 있다. 감기와 기관지염, 폐렴으로 인한 기침에도 효과를 발휘한다. 차나 술뿐만 아니라 푹 삶은 것을 꿀에 담가서 삭힌 모과수, 삶아 으깬 뒤 꿀과 물을 넣어 조린 모과 정과 등으로도 이용한다.

129

모란

기본 사항

학명 Paeonia suffruticosa

개화 5월

분포 함경북도를 제외한 전국에서 재배

약명 목단牧丹, 단피丹皮

이용 뿌리껍질을 각종 열병, 어린아이들의 간질병, 혈행장애, 월경불순, 월경이 막히는 증세 등에 약용한다.

미나리아재비과의 여러해살이풀로, 키는 2m에 달하며 가지가 굵고 털이 없다. 5월에 적자주색의 크고 화려한 꽃이 가지 끝에서 하나씩 핀다. '부귀화富貴花'라고 하기도 하고, '화중왕花中王'이라고도 한다. 열매는 9월에 익으며 씨앗은 둥글고 흑색이다. 한방에서 뿌리껍질을 약재로 쓴다. 사찰 정원에 많이 식재되어 있으며 함경북도를 제외한 전국에서 재배된다.

작가 노트 _ 봄 햇살 받으면 주먹을 펴듯 툭 터져 나오는 매력은 어느 꽃에서도 볼 수 없는 지위와 고고함을 지녔다. 흰색 모란도 있지만 보기가 쉽지 않다. 노란 수술을 중심으로 한 올 한 올 꽃잎을 젖히며 고고하게 핀다. 벌들이 왕왕대며 몰려와도 흐트러짐이 없다.

꽃차 만드는 법

memo
꽃가루를 철저하게 정리한다.

만드는 법

1. 꽃송이를 따서 꽃가루에 유의하여 말린다.
2. 말린 꽃은 찌는데 수증기에 꽃수술이 가도록 엎어서 찐다.
3. 한 번 찐 뒤에 식혀서 꽃가루를 털고 다시 찐다. 찌는 시간은 15초 이내가 적당하다.
4. 완전히 마른 꽃을 밀폐 용기에 담아 보관한다.

다른 방법

꽃가루가 부담스럽다면 꽃잎만 떼어 내어 그늘에서 얇게 펴서 말린다. 완전히 마른 꽃을 밀폐 용기에 담아 보관한다.

모란꽃차

항염증 작용

꽃차 마시는 법

말린 꽃 1송이를 찻잔에 담고 끓는 물을 반쯤 잠기게 부어서
바로 따라 버리고 다시 물을 부어 우려내어 마신다. 남아 있는
꽃가루가 지저분하게 보일 수 있으므로 첫번째 물을 따라 버
리는 것이 좋다.
꽃잎만 말린 것은 꽃잎 4~5장을 넣고 끓는 물을 부어 우려내
어 마신다.

차의 맛과 효능

맛은 쓰고 매우며 성질은 차다. 페놀 성분이 함유되어 있다.
중추신경계에 작용하여 진통·진정·소염·해열·항경련·
항염증 작용을 나타낸다. 어혈을 풀어 주는 효과가 있다.

목련

기본 사항

학명 *Magnolia Kobus*

개화 3~4월

분포 전국 각지

약명 신이辛夷

이용 백목련과 자목련의 꽃봉오리를 '신이辛夷'라 하여 한방에서 약재로 사용하는데, 백목련은 맛이 그윽하고 은은하여 차의 재료로 최상이다. 산목련의 꽃봉오리도 '신이辛夷'라고 하여 같은 용도로 쓴다.

목련과의 낙엽교목으로, 키가 10m 정도로 자란다. 꽃은 3월 말에서 4월 사이에 전국 각지에 피는데, 꽃이 지고 난 뒤에 잎이 나온다. 꽃 지름은 10㎝ 내외이며 향기가 나고, 꽃잎은 10~12장이고 수술은 30~40개에 이른다. 꽃이 진 뒤에 원통형의 열매를 맺으며 10월경에 종자가 익는다. 한방에서 꽃이 피기 전의 봉오리를 '신이辛夷'라고 하여 말려서 약으로 쓴다.

작가 노트 _ 회색빛 하늘가에 홀로 솟아오른 뽀얀 목련 한 송이. 밤이면 달보다 눈부신 하얀 꽃등. 맑은 날은 맑은 날대로, 흐린 날은 흐린 날대로 신비하게 아름답다. 고귀하게 피어나는 모습만큼이나 향기도 은은하다.

꽃차 만드는 법

memo
온도의 변화가 없어야 한다.

만드는 법

1. 목련꽃봉오리를 따서 세심하게 손질한다. 손길이 닿을수록 색깔이 빨리 변한다.
2. 꽃봉오리를 엎어 놓고 열을 분산시켜 말린다. 주변 온도의 변화가 없어야 노랗게 잘 마른다.
3. 증기에 약 40초~1분 정도씩 여러 번 찌고 식히는 과정을 반복한다.
4. 완전히 마른 꽃을 밀폐 용기에 담아 냉동 보관한다. 실온에 보관하면 색이 검게 변한다.

목련꽃차

코 막힘 · 두통 개선
혈압 강하

꽃차 마시는 법

차를 우릴 때 한 사람 분량은 꽃잎 3~4장, 5~6명이면 꽃송이 1개가 적당하다. 끓는 물을 부어 바로 따라 마시면 된다.

설탕이나 꿀에 재운 것을 이용할 때는 단맛이 싫은 사람은 첫 잔은 버리고 두 번째 우려낸 잔부터 마시면 된다.

차의 맛과 효능

맛은 맵고 달며 성질이 따뜻하다. 차 맛이 여운이 오래 남아 추억을 회상하게 한다.

축농증 · 코 막힘 · 두통을 효과적으로 개선한다. 혈압 강하 작용이 있으며, 집중력을 높이는 효과가 있다.

목련-자목련

기본 사항

학명 *Magnolia liliflora*

개화 3~4월

분포 전국 각지

약명 신이辛夷

이용 목련은 한방에서 약재로 사용하는데, 맛이 깊고 은은하다. 주로 축농증이나 코 막힘, 두통 등에 사용하고 혈압 강하 및 집중력이 떨어지는 것을 예방하는 효과가 있다.

목련과의 낙엽교목으로, 키가 15m에 달하고 가지가 많이 갈라진다. 잎은 타원형이고 10㎝ 전후로 끝이 날카롭다. 꽃은 4월에 꽃자주색으로 피는데, 종 모양을 하고 있으며, 꽃잎은 6개이고 뒤로 젖혀지며 윗부분이 안으로 오므라진다. 겉은 진한 자주색을 띠고 안쪽은 연한 자주색을 띤다. 휘발성 정유 · 플라보노이드 · 시네랄 성분을 함유하고 있다.

작가 노트 _ 백목련보다 한 발 늦게 피어나는 자줏빛의 자태가 고귀하다. 뜨거운 사랑을 다하지 못한 이의 환생, 못 다 한 사랑을 이루려는 듯 고결하면서도 과감하다. 그래서 자목련 피기를 그리도 고대하고 그리워했는지도 모른다. 내 마음에 남은 사랑을 그곳에 꽃 피우기 위해.

꽃차 만드는 법

memo
말릴 때 꽃이 바닥에 닿지 않아야 한다.

만드는 법

1. 꽃봉오리를 따서 겉 표면을 면 행주로 깨끗이 닦아 낸다. 손가락 체온에도 검붉게 변할 수 있으므로 면장갑이나 나무젓가락 등을 이용하여 손질한다.
2. 온돌에서 말리면 잘 마르는데 표면이 바닥에 밀착되지 않도록 주의한다. 수분이 고일 수 있기 때문이다.
3. 따뜻한 온돌에서 잘 뒤집으며 말리면 3~4일이면 마른다. 백목련에 비교해서 꽃잎이 6장이므로 잘 마른다.
4. 완전히 마른 꽃을 밀폐 용기에 담아 보관한다.

자목련꽃차

집중력 향상 효과

꽃차 마시는 법

마시는 방법은 백목련과 같다.

차를 우릴 때 한 사람 분량은 꽃잎 3~4장, 5~6명이면 꽃송이 1개가 적당하다. 끓는 물을 부어 바로 따라 마시면 된다.

설탕이나 꿀에 재운 것을 이용할 때는 단맛이 싫은 사람은 첫 잔은 버리고 두 번째 우려낸 잔부터 마시면 된다.

차의 맛과 효능

성질이 따뜻하다. 백목련에 비해 향은 다소 떨어지지만 찻물의 색이나 맛은 은은하고 깊이가 있다.

축농증 · 코 막힘 · 두통을 효과적으로 개선한다. 혈압 강하 작용이 있으며, 집중력을 높이는 효과가 있다.

무궁화

학명 *Hibiscus syriacus* L.

개화 7~9월

분포 전국

약명 목근木槿, 목근화木槿花

이용 먹을 것이 귀한 구한말에는 무궁화로 국이나 찌개를 끓여 먹었다고 한다.

우리나라의 국화國花다. 아욱과의 낙엽관목으로, 키는 3m 내외로 자라고 꽃은 일반적으로 분홍색이거나 연보라색이지만 색과 품종이 다양하다. 7~8월에 꽃이 피는데, 꽃잎은 5장이고 씨방은 1개이며, 화관은 종 모양이고 화경은 짧다. 10월에 열매가 익어 이듬해까지도 달려 있는 경우가 많다. 옛사람들은 대서大暑와 처서處暑 사이에 날씨 좋은 날 아침에 반개한 꽃을 채취하여 햇빛에 말려 약용했다고 전해진다. 꽃가루에는 독이 들어 있으므로 사용할 때 주의해야 한다.

작가 노트 _ 무궁화도 먹느냐고 의아해하는 분들이 많다. 무궁화는 외부의 침입도 많지만 정열의 태양빛을 받고 피어나는 꽃이라 그 힘 또한 강하다고 하겠다. 필 때도 지조 있지만 떨어질 때도 꽃잎을 돌돌 말고 깔끔하게 떨어진다.

꽃차 만드는 법

memo

말려서 수분을 50%로 줄인 뒤 쪄서 다시 말리기

만드는 법

1. 무궁화를 채취하여 깨끗이 손질한다.
2. 손질한 꽃을 그늘에서 말려 수분을 50% 줄인 뒤 수증기에 20초씩 총 3회 쪄 준다.
3. 찐 꽃을 그늘에서 말린다.
4. 완전히 마른 꽃을 밀폐 용기에 담아 냉장 보관한다.

※ 점액질이 있어서 딸 때나 다듬을 때 손에 끈적하게 붙는다. 장갑을 끼면 더 많이 붙으므로 조금 불편하더라도 맨손으로 다듬는 것이 좋다.

무궁화차

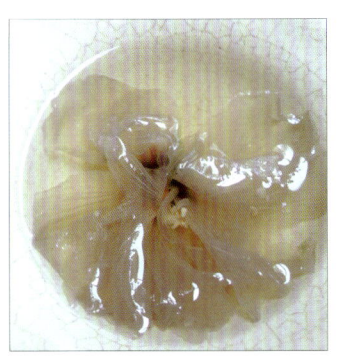

청열해독 작용

꽃차 마시는 법

말린 꽃 1송이를 찻잔에 담고 끓는 물을 부어 1분간 우려내어 마신다.

차의 맛과 효능

맛은 달고 쓰며 성질이 서늘하다. 청열해독淸熱解毒 작용이 있어서, 장풍사혈腸風瀉血·적백하리赤白下痢·풍風을 치료한다. 위장염을 개선하며, 대장균·이질균 등을 억제하는 효과가 있다. 《본초강목》에는 각종 창과 종기를 치료하고 소변을 이롭게 해 주며 습열을 제거한다고 기록되어 있다.

※ 각종 창과 종기의 치료 : 적당량의 신선한 무궁화 꽃잎을 포도주와 함께 짓이겨 환부에 발라 준다.

민들레

기본 사항

학명 *Taraxacum platycarpum* H.

개화 3~5월

분포 전국의 들판, 길가

약명 포공영蒲公英

이용 꽃이 필 때 전초를 채취하여 햇볕에 말려 기관지염·늑막염·간염·담낭염·소화불량·변비·유방염 등에 약용한다.

국화과의 여러해살이풀로, 전국의 들판과 길가 양지바른 곳에서 잘 자란다. 뿌리는 굵고 길며 토막으로 잘려도 다시 살아나 왕성한 생명력을 자랑한다. 이른봄에서 늦봄 사이에 흰색 또는 노란색 꽃이 피고, 꽃이 진 뒤 홀씨가 날아가 번식한다. 잎을 식용하고, 한방에서 꽃이 핀 전초를 말려 땀을 내게 하거나 강장제로 처방한다. 흰민들레·산민들레·서양민들레 모두 같은 용도로 쓴다.

작가 노트 _ 민들레는 노랗게 또는 하얗게 피어나 봄 들판을 장식한다. 발끝에 채이면서도 꿋꿋하게 꽃을 피워 낸 뒤 홀씨가 되어 멀리멀리 날아가는 자유의 꽃이다. 나의 메마른 영혼 또한 민들레 홀씨 되어 어디든 날아가 닿는 곳에 뿌리 내려 볼까 하오마는…… 미지의 세계에 나를 심어 보고 싶은 마음으로 민들레를 바라본다.

꽃차 만드는 법

memo

생명 정지 과정을 2회 반복한다.

만드는 법

1. 민들레 꽃을 채취하여 손질하여 찜기에 넣어 1~2분간 찐다.
2. 손질한 꽃을 채반에 펼쳐 그늘에서 70% 말린 뒤 햇빛에서 마저 말린다.
3. 마른 꽃을 프라이팬에 살짝 볶아 습기를 완전히 제거한다.
4. 완전히 마른 꽃을 밀폐 용기에 담아 보관한다.

※ 열처리는 가급적 빨리 해야 한다.

민들레꽃차

간 기능 보호

꽃차 마시는 법

말린 꽃 1~2송이를 찻잔에 담고 끓는 물을 부어 1분간 우려내어 마신다.

차의 맛과 효능

맛이 쓰고 달며 성질이 차다. 약간 쌉쌀한 맛이 있지만 단맛이 많으므로 입맛을 돋워 준다.

이눌린 · 팔미틴 · 세로친 · 팩틴 등의 성분이 들어 있다. 소화 불량과 습관성 변비에 좋으며, 소염 · 이뇨 · 담즙 분비 촉진 · 간 기능 보호 작용을 한다.

박태기나무

기본 사항

학명 *Cercis chinensis* Bunge

개화 4월

분포 전국 각지

약명 자형紫荊

이용 생화는 씹어 먹으면 신맛과 단맛이 난다. 샐러드에 넣으면 색도 예쁘고 맛도 좋아 일품이다. 말린 것으로는 앙증맞은 꽃얼음을 만들 수 있다. 박태기꽃·골담초·제비꽃·민들레꽃을 섞어 식초간장소스를 뿌리면 신토불이 꽃샐러드가 된다.

콩과의 낙엽관목으로, 키가 3~5m 정도로 자라고, 서양박태기나무는 10m 정도까지 자란다. 4월에 화경이 없는 나비 모양의 홍자색 꽃이 7~30개씩 한군데 모여 잎보다 먼저 핀다. 마치 밥풀을 튀겨 물들여 놓은 듯 나뭇가지를 돌아가며 일정한 간격을 유지하며 빽빽하게 핀다. 관상수로 많이 심는데 꽃은 밀원 자원으로, 나무껍질은 염료로, 뿌리는 약재로 이용한다.

작가 노트_'밥태기'라고도 부르는 박태기꽃은 마치 밥알이 붙어 있는 것처럼 재미있는 모양을 하고 있다. 잎이 돋기 전에 홍자색 꽃들이 뭉쳐서 피어나므로 색깔도 꽤나 화사하다. 제상에 올려놓는 산자에 색을 들여 놓은 듯이 붉은 보랏빛으로 피어 있는 꽃을 보면 시골집 할머니의 따뜻한 손길이 생각난다. 보는 것만으로도 마음이 풍요로워지는 꽃이다.

꽃차 만드는 법

memo
생화가 맛있는 꽃

만드는 법

1. 꽃을 채취하여 깨끗이 손질한다. 한데 뭉쳐서 피므로 한 장 한 장씩 세심하게 손질해야 한다.
2. 손질한 꽃의 끝부분을 다듬어 7~10일 정도 그늘에서 말린다.
3. 완전히 마른 꽃을 밀폐 용기에 담아 보관한다.

※ 처음부터 쪄서 만들 때는 15초씩 3회 반복해서 쪄서 그늘에서 말린다.

※ 전자레인지 사용 : 생화 50g을 데우기 모드에서 1분 10~20초, 해동 모드에서 3회 돌려 주면 거의 다 마른다.

박태기나무꽃차

해독 작용
생리불순 개선

꽃차 마시는 법
말린 꽃 1스푼을 찻잔에 담고 끓는 물을 부어 1분간 우려내어
마신다. 여러 번 우려내어 마실 수 있다.

차의 맛과 효능
맛이 시고 쓰며 성질이 평하다.
여러 번 우려내도 맛이 같다. 해독 작용을 하고 생리불순을 개
선한다.

박하

기본 사항

학명 *Meuha arvensis var. piperaseens*

개화 여름~가을

분포 습기 있는 들판

약명 박하薄荷

이용 식품과 의약품의 방향제로 쓰이고, 진통제·흥분제·건위제·구충제 등으로 약용한다.

꿀풀과의 여러해살이풀로, 키는 60~100㎝ 정도로 자라고, 네모난 줄기 표면에 털이 있다. 톱니 모양의 잎이 마주나며, 잎 표면의 기름샘에서 정유精油가 들어 있다. 7~8월에 연보라색 꽃이 잎겨드랑이에서 줄기를 감싸면서 층을 이루어 핀다. 멘톨menthol 성분이 들어 있어 향료·치약·향료·과자·음료수 등에 방향제로 사용된다. 따뜻한 지방에서는 6월, 8월, 10월 등 세 번 수확할 수 있다.

작가 노트 _ 잎을 손끝에 비벼서 귀밑에 바르면 기분이 좋아진다. 시원한 향기가 온몸에 스며드는 것 같다. 보랏빛 꽃이 피기 시작하면 늦여름의 추억 향기와 함께 기억된다.

꽃차 만드는 법

memo
짧게 쪄야 향이 살아 남는다.

만드는 법

1. 8월에 연한 줄기와 잎, 꽃을 함께 채취하여 1㎝ 길이로 잘게 자른다.
2. 준비된 박하를 수증기에 약 40초씩 3회 쪄서 그늘에서 말린다.
3. 마른 박하를 팬에 살짝 덖어서 가향 처리한다.
4. 완전히 마른 꽃을 밀폐 용기에 보관한다.

박하꽃차

입냄새 제거
소화 기능 개선

꽃차 마시는 법

말린 꽃 1티스푼을 200㎖ 용량의 다관에 넣고 끓는 물을 부어 우려내어 마신다.

차의 맛과 효능

성질이 따뜻하다. 뒤에 남는 단맛이 일품이다. 시원함과 청량감이 있어 기분을 좋게 한다.

위장을 보호하고 소화를 돕는 작용이 있다. 목감기·소화불량·두통이 있을 때 마시면 좋다. 일반적으로는 식후에 입을 개운하게 하기 위해서 마시는데 입냄새 제거 효과가 뛰어나다.

배나무

기본 사항

학명 *Pyrus serotina* var. *culta*

개화 4월

분포 중부 이남에서 재배

약명 이화梨花

이용 배는 가래와 기침을 없애고 목이 쉬었을 때나 배가 차고 아플 때 증상을 완화해 주며 종기를 치료하는 데도 도움을 준다. 그 밖에 해독 작용이 있어 숙취를 없애 준다.

장미과의 낙엽교목으로, 키는 13m 내외로 자란다. 4월에 순백색의 꽃이 피는데, 한 가지에서 4~5㎝ 크기의 화경이 나와 5~9개 정도의 꽃과 잎이 함께 핀다. 꽃이 진 뒤 추석 무렵에 과실인 '배'가 익는다. 배는 가을과 겨울에 많이 먹으며, 제상에 올리는 중요한 과일로, 감기·해소·천식 등의 기관지 질환에 효과가 있으며, 배변과 이뇨 작용을 돕는다.

작가 노트 _ 들판을 온통 하얗게 수놓고 봄바람에 눈처럼 떨어지는 꽃이다. 하얀 꽃잎 속에 붉은 수술은 마치 순수한 마음에 끓어오르는 정열을 숨기고 있는 듯하다. 배나무꽃이 피어나는 밤 풍경은 매우 아름답지만 꽃향기는 회음제로 오해를 받을 정도로 썩 좋지 않다. 생화의 향기는 떨어지며, 차 맛은 담백하고 달큰하다.

꽃차 만드는 법

memo
온도에 예민하므로 주의한다.

만드는 법

1. 배나무꽃은 막 개화한 것으로 꽃송이째 채취한다.
2. 처음부터 수증기에 찌면 꽃의 색이 많이 변하므로 약간 말려서 수분이 50%쯤 남았을 때 찐다.
3. 시든 꽃을 수증기에 15초 내외로 짧게 2~3회 반복하여 찐 뒤 잘 말린다.
4. 완전히 마른 꽃을 밀폐 용기에 담아 보관한다.

배나무꽃차

당뇨로 인한 구갈 증상을 해소

꽃차 마시는 법

말린 꽃 1송이를 찻잔에 담고 끓는 물을 부어 우려내어 마신다.

꽃수술은 붉은색에서 검게 변해 있다. 열을 가하면 하얀 꽃잎이 변하기도 한다.

차의 맛과 효능

맛은 달고 성질은 평하다. 뒷맛이 깔끔하다. 찻물 속에서 드러나는 까만 수술이 눈을 즐겁게 한다.

당뇨로 인한 갈증을 멈추게 하며, 해열·진해 작용이 있다.

145

배롱나무

기본 사항

학명 *Lagerstroemia indica* L.

개화 7~9월

분포 전국. 남부 지방에 많다.

약명 자미화刺微花

이용 작은 꽃을 하나씩 따서 꽃얼음을 얼리면 예쁘다.

부처꽃과의 낙엽관목으로, 키는 2~4m 정도로 자란다. 벼 꽃이 필 무렵부터 추수할 때까지 100일 동안 핀다 하여 '목백일홍木百日紅'이라고도 부른다. 흰색·분홍색·보라색·적자주색 등 다양한 색의 꽃이 얇은 천처럼 하늘거린다. 꽃이 피어 있는 기간이 길고 병충해에 강하여 관상수로 많이 심는다.

작가 노트 _ 꽃이 귀한 여름철에 정자 옆에서 아름다움을 뽐내는 꽃이다. 그래서 문인들의 사랑을 독차지했는지도 모른다. 길고 긴 장마 끝에서도 환하게 웃는 모습에 문인들은 배롱나무를 곁에 두었나 보다. 붉은 꽃잎이 떨어져 내려 유유히 흘러가는 자미천紫微天의 풍류를……

꽃차 만드는 법

memo
꽃잎이 얇으므로 찔 때 주의한다.

만드는 법

1. 배롱나무꽃은 꽃봉오리보다는 반쯤 개화한 것이 좋다. 꽃송이째 채취한다.
2. 물을 끓여 수증기가 올라오면 그 위에 꽃을 담은 바구니를 얹어 15초씩 2~3회 반복해서 쪄 준다.
3. 찐 꽃을 채반에 얇게 펴서 말린다.
4. 완전히 마른 꽃을 밀폐 용기에 담아 보관한다. 습기에 민감하므로 냉동실에 두는 것이 좋다.

배롱나무꽃차

산후 출혈 개선

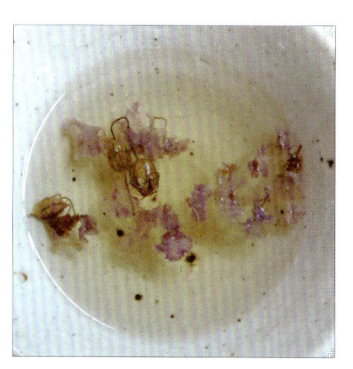

꽃차 마시는 법

말린 꽃 2~3송이를 찻잔에 담고 끓는 물을 부어 우려내어 마신다. 화사하게 피어나는 모습이 아름다운 차다.

차의 맛과 효능

맛은 떫고 성질은 차다. 생화는 신맛과 떫은맛이 함께 난다. 꽃색에 따라 찻물이 조금씩 다르다.

해산 후 출혈이 그치지 않을 때 사용하며, 옴·버짐 등을 낫게 한다.

백일홍

기본 사항

학명 *Zinnia elegans* Jacq.

개화 7~8월

분포 전국의 인가 근처

약명 백일초百日草

이용 백일홍은 차나 전은 물론 샐러드 재료로도 좋다. 샐러드를 만들 때는 중심부의 꽃잎만 뜯어서 사용한다.

국화과의 한해살이풀로, 키는 45~60㎝ 내외로 자라며, 잎 앞뒷면에 작고 거친 모가 나 있다. 꽃은 가지 끝에 한 송이씩 피는데, 홑꽃과 겹꽃이 있다. 7월부터 9월까지 꽃이 피고 지므로 '백일화百日花'라고도 부른다. 원래는 잡초였으나 화훼가들이 개량한 덕분에 현재의 모습을 갖추었다고 한다.

작가 노트 _ 꽃자주색을 기본으로 노란색, 하얀색, 붉은색 등 화려한 색이 눈을 황홀하게 한다. 샐러드를 만들 때는 중심부의 꽃잎만 뜯어서 사용한다. 약간 거친 듯하면서도 아삭거리는 식감과 평한 맛이 매력이다.

꽃차 만드는 법

memo
꽃심이 두꺼우므로 좀더 찐다.

만드는 법

1. 백일홍꽃을 봉오리째 채취하여 깨끗이 손질한다.
2. 물을 끓여 수증기가 오르면 30초간 2~3회 반복해서 쪄 준다.
3. 찐 꽃을 얇게 펴서 그늘에서 말린다.
4. 완전히 마른 꽃을 밀폐 용기에 담아 보관한다.

백일홍꽃차

청열 작용

꽃차 마시는 법
말린 꽃 1~2송이를 찻잔에 담고 끓는 물을 부어 1분간 우려내
어 마신다. 첫잔은 1분 정도 우려서 마시고, 두 번째 잔부터는
바로 우려내어 마신다.

차의 맛과 효능
맛이 담백하고 부드럽다. 색은 저마다 다르지만 차 맛은 같다.
청열淸熱 작용을 하고 소변을 이롭게 하며, 미열을 동반한 통
증과 이질에 효과가 있다.

벗나무

기본 사항

학명 *Prunus serrulata* var. *spontanea*

개화 3~4월

분포 전국의 산지, 마을 부근

약명 아앵화野櫻花

이용 나무껍질은 완화緩和·진해鎭咳·해독 효능이 있어 피부염·심마진蕁麻疹·소양증搔痒症 등에 약용한다.

벗나무는 장미과의 낙엽교목으로 키가 20m까지 자란다. 검은 자갈색의 나무껍질은 가로로 벗겨지며 잎은 어긋나고 잎 가장자리에 잔 톱니가 나 있다. 3~4월에 연분홍색 꽃이 피어 봄을 아름답게 한다. 6~7월에 지름 1㎝ 정도의 둥근 열매가 검은색으로 익는데 이를 '벗' 또는 '버찌'라고 하여 식용한다.

작가 노트_ 가로등불 아래 하얗게 피어나는 벗꽃은 보는 사람의 마음을 울렁거리게 한다. 고목나무에서 피어나는 벗꽃은 더더욱 그러하다. 바람이 불어 꽃이 떨어지면 꽃 지는 자리마다 다시금 하얗게 피어나는 꽃길……. 차마 밟고 가기 미안하여 멈추어 서면 꽃비가 하늘 가득 흩날리며 내려와 온몸을 감싼다.

꽃차 만드는 법

만드는 법

1. 꽃을 채취하여 깨끗이 손질한다. 끈끈한 성분이 들어 있으므로 장갑을 끼고 가위를 이용한다.
2. 손질한 꽃을 찜기에 넣어 30초~1분 정도 살짝 김을 쏘인 뒤에 꺼내어 그늘에 말린다.
3. 완전히 마른 꽃을 밀폐 용기에 담아 보관한다. 습기에 매우 약하므로 만든 즉시 냉동 보관한다.

※ 가위를 자주 씻고 장갑을 자주 갈아야 꽃이 깨끗하게 손질된다.

memo
손질할 때 장갑과 가위는 필수품!

벚꽃차

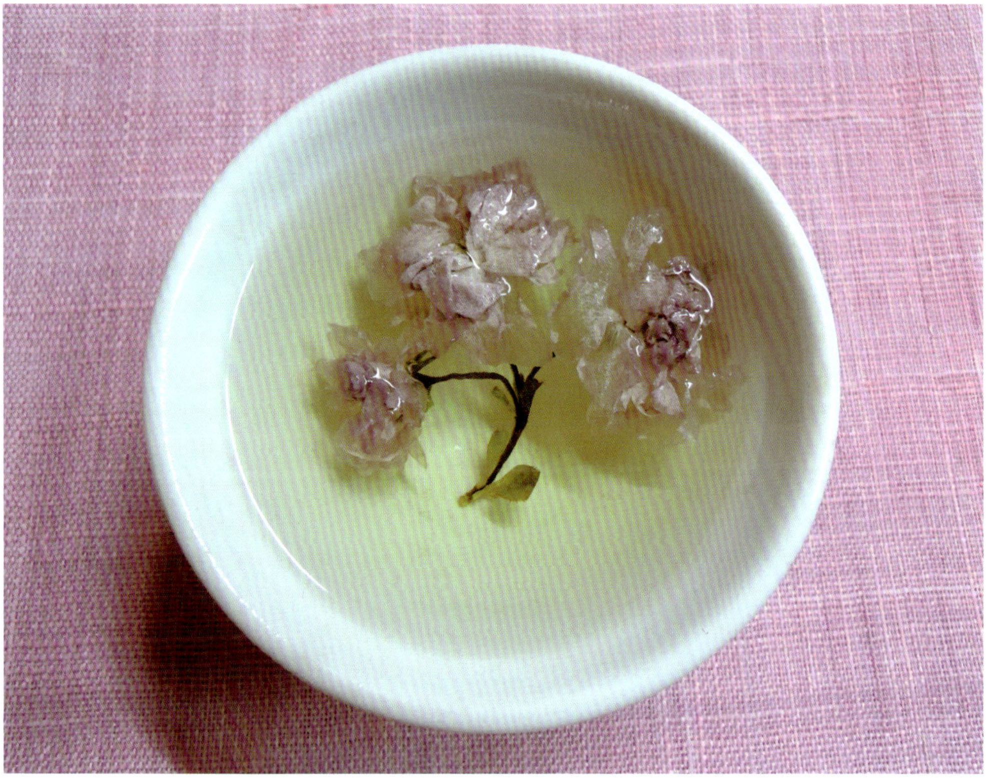

피부 미용에 효과

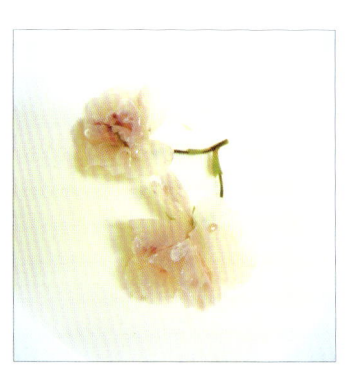

꽃차 마시는 법

말린 꽃 1~2송이를 찻잔에 담고 끓는 물을 부어 우려내어 마신다.

차의 맛과 효능

맛은 쓰고 성질은 차다.

숙취에 이롭고 구토에 효과가 있다. 해수 · 천식에도 효과를 보인다. 특히 복사꽃과 함께 여성들에게 도움이 되는 꽃으로, 기미 · 주근깨 · 검버섯을 개선하는 효과가 있다. 일본의 부인들은 남편의 술독을 풀어 주기 위해 벚꽃으로 차나 음료를 만드는데, 주로 소금물에 절이는 방법을 쓴다고 한다.

병꽃나무

인동덩굴과의 낙엽관목으로, 키는 2~3m 정도로 자란다. 꽃이 피기 시작하면 무렵이면 줄기와 가지가 한쪽으로 쏟아질 듯 굽어져 나무 전체가 둥그스름해진다. 5월에 연녹색 꽃이 피어 노란색으로 변했다가 붉은색으로 변하여 진다. 꽃은 한 가지에 여러 개가 모여 피며, 꽃잎은 종이처럼 얇고 벌레에 약하다. 9월에 바나나처럼 길고 굽은 길이 1.5㎝ 정도의 긴 통 모양 열매가 붉은 갈색으로 익는다. 한방에서 꽃을 말려 약용한다.

작가 노트 _ 산기슭을 돌아설 때면 물 흐르는 소리와 함께 병풍처럼 수놓은 꽃이 병꽃이다. 여린 꽃가지를 풍성하게 채워 늘어뜨리는 꽃, 그 꽃을 보러 나는 간다, 붉은 마음도 한시절 지나면 지고 말 것이기에.

꽃차 만드는 법

만드는 법

1. 꽃은 갓 피기 시작하는 연록색의 꽃을 채취한다.
2. 봉오리가 말린 것은 벌레 알이 들어 있으므로 버린다.
3. 물을 끓여 수증기가 오르면 병꽃을 담은 바구니를 올려 놓고 15초 내외로 2~3회 반복하여 찐다.
4. 찐 꽃을 채반에 얇게 펴서 말린다.
5. 완전히 마른 꽃을 밀폐 용기에 담아 보관한다.

※ 벌레 알이 많으므로 세심하게 관리한다.

memo

반드시 살충 과정을 거친다.

병꽃나무꽃차

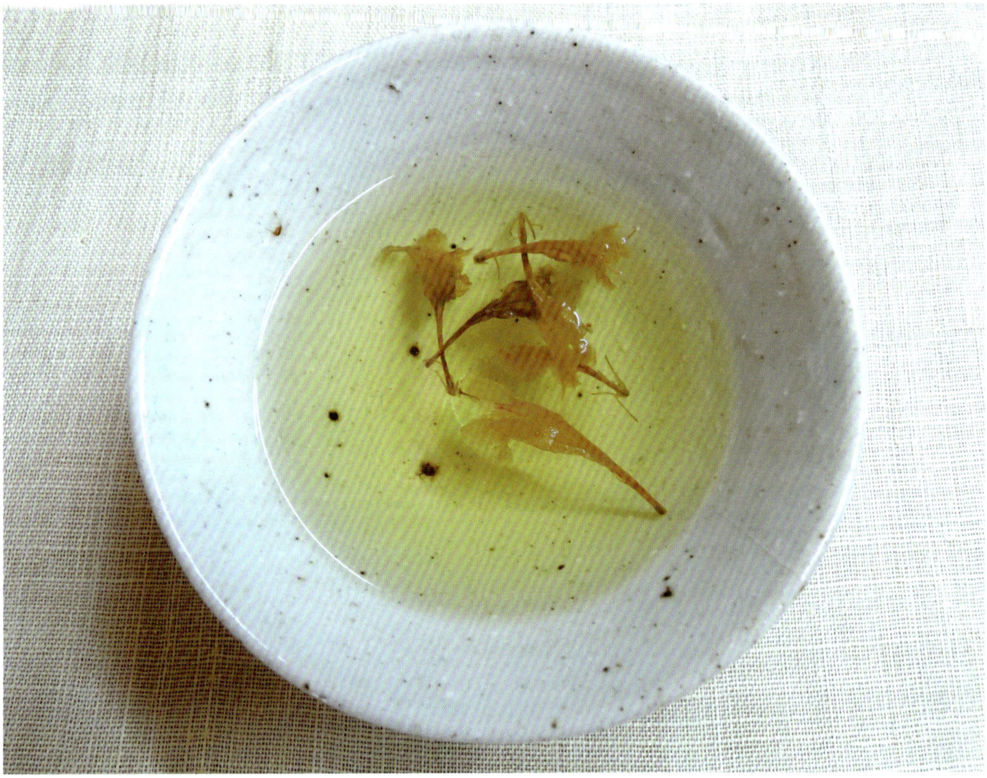

식중독 예방
이뇨 작용

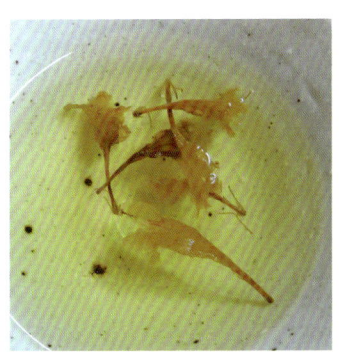

꽃차 마시는 법

말린 꽃 10송이 내외를 찻잔에 담고 끓는 물을 부어 우려내어 마신다.

차의 맛과 효능

맛은 달고 담백하며 부드럽다. 마치 선유도원에 앉아 차를 마시는 느낌을 준다. 이뇨 작용이 있으며, 간염 · 황달 · 소화불량 · 식중독에 효과가 있다.

※ 백화차에서 감초 역할을 한다.

보춘화

기본 사항

학명 *Cymbidium goeringii*

개화 2~4월

분포 남부와 중남부 해안의 삼림

약명 보춘화報春花, 건란화建蘭花, 건란근建蘭根

이용 한방과 민간에서 뿌리줄기를 피부병·충독 등에 약용한다.

'춘란春蘭'으로 더 잘 알려진 보춘화는 상록성의 여러해살이풀로, 우리나라 중부 이남 지역과 울릉도 등지의 삼림 내에서 자란다. 키는 20~25㎝ 내외이고 2~4월에 연녹색 꽃이 핀다. 꽃대 하나에 꽃이 한 장씩 피는데, 받침이 날개처럼 되어 있고 비닐막처럼 얇은 막에 싸여 있다. 꽃을 식용하고, 한방과 민간에서 뿌리줄기를 피부병·충독 등에 약재로 쓴다. 지혈 및 이뇨 작용이 있다.

※ 관상용으로 남획이 심하여 환경부에서 특정 야생 동식물로 지정 보호하고 있다.

작가 노트 _ 하얀 눈 녹이며 뾰족 올라와서 가느다란 숨을 쉬니 향기가 천지에 퍼지는구나.

꽃차 만드는 법

만드는 법

1. 난꽃을 채취하여 깨끗이 손질한다.

2. 동량의 소금물을 끓여서 식힌 뒤 꽃에 붓고 꽃이 떠오르지 않도록 나무젓가락이나 망으로 눌러 놓는다.

3. 3~4일 정도 지나면 밀폐 용기에 담아 냉장 보관한다.

※ 난의 꽃봉오리만 손질하여 수증기에 20초씩 총 3회 찐 뒤 그늘에서 말린다. 줄기는 수분이 많아 말리는 과정이 어려우므로 사용 여부를 잘 판단해야 한다.

memo

소금과의 절묘한 조화

보춘화차

시력 개선
혈액순환 작용

꽃차 마시는 법
말린 꽃 1~2송이를 찻잔에 담고 끓는 물을 부어 첫물은 따라
버리고 두 번째 잔부터 마신다. 첫물은 소금기 때문에 향이 덜
하다.

차의 맛과 효능
맛이 달고 뒷맛이 시원하다. 은은한 향기가 속 깊이 스며든다.
몸의 기운을 다스리고 피를 잘 돌게 하며 눈을 밝게 하는 효과
가 있다.

복사나무[복숭아나무]

기본 사항

학명 Prunus persica

개화 3~4월

분포 전국 산지, 인가 부근

약명 도인桃仁, 도화桃花

이용 지혈·진통 작용을 하며, 어혈을 풀어 주고 혈관 확장 작용을 한다. 복사나무의 잎을 물에 넣고 팔팔 끓여서 식혀 목욕을 하면 혈액 순환이 잘되고 피부가 매끄러워진다.

장미과의 낙엽교목인 복사나무는 복숭아나무 또는 도화나무로 잘 알려져 있다. 4월에 잎보다 먼저 피어나는 꽃을 '도화桃花'라고 부르는데, 과일나무의 꽃 중에서 가장 아름다운 꽃으로 알려져 있다. 7~8월에 익는 열매인 '복숭아'에는 짧고 가는 흰색 털이 촘촘하게 덮여 있다. 한방에서 씨앗을 '도인桃仁'이라 하여 약용한다.

작가 노트 _ 옛날에는 양반댁의 여인들이 이 도화차를 즐겨 마셨다고 한다. 예나 지금이나 예뻐지고자 하는 마음은 똑같은 것 같다. 감추었던 속살을 드러내 놓은 듯한 자태를 하고 있는 복사꽃. 바람에 나부끼는 복사꽃을 본 사람은 그 모습을 잊을 수 없을 것이다. 연분홍 어린 꽃잎이 참으로 곱다. 그래서 여인들은 이 꽃을 좋아했는지도 모른다.

꽃차 만드는 법

memo
수증기에 찔 때 색의 변화에 신경쓴다.

만드는 법

1. 복사나무꽃을 채취하여 깨끗이 손질한다.
2. 꽃을 수증기에 40초~1분 이내로 찐 뒤 채반에 얇게 펴서 말린다.
3. 완전히 마른 꽃을 밀폐 용기에 담아 냉동 보관한다.

다른 방법

깨끗이 손질한 꽃에 겹겹이 설탕을 뿌려 재워 숨이 죽으면 좁은 용기에 옮겨 담고 꿀을 덧입혀 15일간 숙성시킨다. 실온에 두면 색이 하얗게 변하므로 밀폐 용기에 담아 냉동 보관한다.

복사나무꽃차[도화차]

배변 작용

꽃차 마시는 법

말린 꽃 5~6송이를 찻잔에 담고 끓는 물을 부어 바로 우려내어 마신다.

꿀꽃차 1티스푼을 찻잔에 담고 끓는 물을 부어 마신다.

차의 맛과 효능

맛은 달고 쓰며, 성질은 따뜻하다. 피부 미용·변비 개선 효과가 있지만 과음하면 설사를 유발하므로 적은 양을 따뜻하게 마시는 것이 좋다. 마신 지 7~8시간이 지나면 배변이 시작되고, 차게 마시면 5~6시간 뒤에 변을 볼 수 있는데, 배가 아플 수 있으므로 주의한다. 임산부는 마시지 않는 것이 좋다. 꽃에는 켐페롤 배당체·지방유·당지질 등이 함유되어 있다.

복수초

기본 사항

학명 *Adonis amurensis* Regal et Radde

개화 2~4월

분포 전국의 산지 숲속 그늘

약명 복수초福壽草, 장춘화長春花

이용 뿌리를 포함한 전초를 꽃 필 때에 채취하여 그늘에서 말려 진통제·강심제强心劑·이뇨제利尿劑로 사용한다.

미나리아재비과의 여러해살이풀로 키는 10~30㎝ 정도로 자라고 2~4월에 진노랑색의 꽃이 핀다. 가지 끝에 꽃이 한 송이씩 피며, 수술은 여러 개이고 황색을 띠며 암술도 다수이고 씨방은 짧고 털이 나 있다. 눈을 녹이며 피어나므로, 인내·희망·행운의 상징으로 언급된다.

작가 노트 _ 잔설이 남은 양지바른 곳 누가 그리도 따뜻한 입김을 불었는지 서리서리 녹은 모습 속에 빠끔이 올라온 꽃! 노란빛으로 나를 땅바닥으로 내려앉게 만들고 고개를 숙이고 인사하게 만드는 아주 멋진 꽃이다. 복수초꽃을 만나기 위해 가는 길은 눈 녹아 졸졸 흐르는 계곡물로 설레는 마음이 한층 커진다.

꽃차 만드는 법

만드는 법

1. 복수초꽃을 꽃송이째 따서 말린다.
2. 마른 꽃을 프라이팬이나 냄비에 넣고 약한 불에서 덖는다.
3. 지나치게 오래 덖으면 고유한 맛이 변하므로 약 20~30초간 덖고 꺼내서 식힌 후 다시 덖기를 2~3회 반복한다.

memo
팬에 덖어서 잔여 수분을 없앤다.

복수초꽃차

강심 작용
진통 작용

꽃차 마시는 법

말린 꽃 1송이를 찻잔에 담고 끓는 물을 부어 바로 따라 버리고 두 번째 잔부터 마신다. 독성이 약간 있으므로 조금씩 마시는 것이 좋다. 쓴맛이 강하므로 꽃 한 송이가 많다고 생각될 때는 꽃잎을 몇 장 떼어 내고 이용한다.

차의 맛과 효능

맛은 쓰고 성질은 평하며 소량의 독을 가지고 있다.
이뇨·강심 작용을 하며, 중추신경을 안정시켜 진통 효과를 나타낸다. 신경통에 효과가 있다.

봉선화

기본 사항

학명 Lmpatiens balsamina L.

개화 7~10월

분포 전국 인가의 뜰

약명 급성자急性子

이용 봉선화는 뭉치고 단단해진 것을 부드럽게 풀어 주고 물렁하게 하는 특효를 발휘하는 토종약초로 이용되어 왔다.

봉선화과의 한해살이풀로 '봉숭아'라고도 부른다. 줄기는 곧게 서고 키는 70㎝ 내외로 자란다. 7~8월에 붉은색·흰색·보라색 등의 꽃이 홑꽃 또는 겹꽃으로 핀다. 공해에 강해서 도시의 화단에 적합하며, 오래 전부터 손톱에 물을 들이는 데 많이 사용해 와서 친숙하다. 꽃이 진 자리에 열매가 황갈색으로 익는데, 성숙한 열매는 작은 충격에도 꼬투리가 탁 벌어지면서 검은 갈색 씨앗이 튕겨져 나간다. 이를 두고 성질이 급하다는 의미에서 '급성자急性子'라고 하는데 한방에서 약재로 쓴다.

작가 노트 _ 봉선화 하면 빨갛게 물들인 손톱을 생각할 것이다. 붉은색 꽃만 있는 것이 아니라 분홍색, 흰색, 보라색에 겹꽃까지 봉선화처럼 친근한 꽃도 없는 듯싶다. 집 뒤뜰로 돌아서면 색색의 봉선화가 기다리고 있다. 예쁜 손톱 물들여 주라고 그리운 님 기다리면서 예쁘게 물 올리고 있다.

꽃차 만드는 법

memo
색이 변해도 맛은 그대로이다.

만드는 법

1. 꽃잎에 수분이 많고 꽃잎이 얇으므로 주의해서 딴다.
2. 수증기에 꽃을 얹어 잠깐 김만 입힌다고 느낄 정도로 약 5~10초 사이로 2~3회 쪄서 식힌다.
3. 찐 꽃을 채반에 얇게 펴서 말린다.
4. 완전히 마른 꽃을 밀폐 용기에 담아 보관한다.

다른 방법

깨끗이 손질한 꽃에 꿀이나 설탕을 넣어 겹겹이 재워 실온에서 15일간 숙성시킨 뒤 밀폐 용기에 담아 냉장 보관한다.

봉선화차

타박상 치료

꽃차 마시는 법
말린 꽃 3~4송이를 찻잔에 담고 끓는 물을 부어 1분간 우려내어 마신다.

차의 맛과 효능
맛이 달고 쓰며 성질이 따뜻하다.
담홍색의 찻물이 눈을 편하게 한다. 봉선화차는 어릴 적 추억의 맛이 느껴진다.
요통 · 어혈동통 · 타박상에 좋다.

부용

기본 사항

학명 *Hibiscus mulabilis*

개화 8~9월

분포 전국의 인가 근처

약명 목부용화木芙蓉花

이용 해독 작용이 있어서 종기의 염증을 완화시킨다. 유행성 감기에 유효하다.

아욱과의 낙엽관목으로, 키는 1m 내외로 자란다. 8~9월에 붉은색·분홍색·흰색 등의 꽃이 잎겨드랑이에서 1장씩 개화한다. 꽃잎은 5장이며, 꽃자루 길이는 6~12㎝이고, 화관은 종 모양이다. 열매가 10~11월에 둥글게 익는데 지름은 2.5㎝ 정도이고 노란색 강모가 빽빽하게 나 있다. 미국 부용도 같은 용도로 쓴다.

작가 노트 _ 부용은 품위가 있다. 어느 한 구석 가볍게 보이는 구석이 없다. 비단옷으로 치장하지 않았지만 수수하면서도 우아하며 풍만한 느낌이 마음을 사로잡는 꽃이다. 바라만 보아도 귀족이 되는 것 같다.

꽃차 만드는 법

만드는 법

1. 활짝 피기 직전의 봉오리를 채취한다.
2. 꽃봉오리다 보니 꽃심이 두텁고, 여름꽃 특성상 수분이 많아 잘 마르지 않으므로 수증기에 약 15~20초씩 2~3회 반복하여 찐다.
3. 찐 꽃을 채반에 얇게 펴서 말린다.
4. 완전히 마른 꽃을 밀폐 용기에 담아 냉동 보관한다.

※ 수증기에 찌는 대신 전자레인지를 사용할 때는 해동 메뉴에서 4분, 데움 메뉴에서 2분 하는 식으로 여러 번 반복한다.

memo
꽃심이 두꺼우므로 주의한다.

부용꽃차

유행성 감기 예방

꽃차 마시는 법

말린 꽃 1송이를 찻잔에 담고 끓는 물을 부어 우려내어 마신다.

처음 우릴 때는 찻물이 노랗지만 2분가량 지나면 다홍색으로 변한다.

차의 맛과 효능

맛은 맵고 성질은 평하다.

해열·냉혈冷血·소종消腫 작용을 한다. 플라보노이드·타닌 등의 성분이 들어 있다. 유행성 감기 개선 효과가 있다.

불두화[수국]

기본 사항

학명 *Hydraged macrophylla Syringe*

개화 5~6월

분포 전국 각지

약명 불두수佛頭樹

이용 잎과 가지에 이뇨·진통·거풍祛風, 통경, 소종消腫, 진경鎭痙 효능이 있다. 꽃은 얼음꽃·샐러드 용으로 쓰이고, 장식용 드라이플라워로 많이 쓰인다.

인동과의 낙엽관목으로, 키는 3~6m 내외로 자란다. 5~6월에 연녹색 꽃이 꽃줄기 끝에 산방꽃차례로 달리는데, 꽃이 활짝 피면 흰색이 되고 질 무렵에는 누렇게 변한다. 꽃잎은 매우 작고 4~5개 정도가 핀다. 9월에 둥근 열매가 붉게 익는다. 흔히 '수국'이라고 부르지만 '불두화佛頭花'가 정식 이름이다. 초파일을 전후해 꽃이 만발하므로 절에서 정원수로 많이 심으며, 꽃 모양이 부처의 머리처럼 곱슬곱슬하기 때문에 '불두화'라고 한다.

작가 노트 _ 네 장의 꽃잎이 접혀 여덟 장처럼 보이고 그 꽃들이 모여 작은 무리를 이루고 다시 크고 둥근 꽃송이가 된다. 불두화에는 '티끌 모아 태산'이란 속담이 어울린다. 꽃 순수함과 가련함이 함께 있어 바라보는 것만으로 마음의 근심과 피로가 풀린다. 나는 '내 마음의 향수'라고 불러 본다.

꽃차 만드는 법

memo

생화를 그대로 말려 쓴다.

만드는 법

1. 작은 꽃송이를 한 개씩 떼어 내어 꽃 사이에 있는 거미줄이나 곤충의 알집을 제거한다.

2. 그늘에서 얇게 펴서 말린다. 꽃잎이 연약해서 5~7일 정도면 마른다. 열에 약하므로 수증기로 찌거나 번철에 덖는 것은 피한다.

3. 다 마른 꽃잎을 햇볕에 3~4시간 내놓아 나머지 수분을 없앤 뒤 밀폐 용기에 담아 보관하고 소량씩 덜어서 사용한다.

※ 불두화는 온도에 민감하여 뜨거우면 색이 붉게 변한다.

불두화차

혈압 강하 작용

꽃차 마시는 법

작은 꽃송이 7~10개 정도를 찻잔에 담고 끓는 물을 부어 바로
바로 우려내어 마신다.

오래 우려내면 찬 성분에 쓴맛이 많이 배어 나온다. 그러므로
담백하고 맑은 향의 차를 마시기 위해서는 10초 내외로 여러
번 우려내어 마시는 것이 좋다.

차의 맛과 효능

맛은 쓰고 매우며 성질은 차다. 학질을 치료하고, 심장이 허약
해서 잘 놀라는 증상에 효과가 있다. 심신을 안정시키고 혈압
을 내리는 효과가 있다.

사위질빵

기본 사항

학명 *Clematis apiifolia* DC.

개화 8~9월

분포 전국의 산과 들판

약명 여위女萎, 산목통山木通, 만초蔓楚

이용 가을에 덩굴로 뻗는 줄기를 채취하여 껍질을 벗겨 햇볕에 말려 근골통증·대장염·설사 등에 약용한다.

미나리아재비과의 덩굴성 낙엽 활엽수로, 덩굴 길이는 3m 내외이고 어린 가지에 잔털이 있다. 8~9월에 줄기 끝이나 잎겨드랑이에서 하얀 꽃이 피고, 꽃이 지고 난 뒤에는 털이 달린 5~10개의 열매가 한데 뭉쳐 달린다. 독성분이 있지만 어린순은 나물로 먹고, 한방에서 덩굴 줄기를 약으로 쓴다.

작가 노트 _ 어린 줄기에 하얀 꽃과 노란 수술이 인상적이다. 가슴이 일렁일 정도로 가냘프다. 여덟 개의 꽃잎에 화사하게 펼쳐진 수술은 태양을 떠받치고 있는 듯 흘러나오는 광채가 남다르다.

꽃차 만드는 법

memo
반드시 먼저 쪄서 말린다.

만드는 법

1. 꽃을 따서 잡티를 손질한다.
2. 손질한 꽃을 수증기에 약 10초간 찐다. 습기가 많은 계절이라 찌는 시간을 짧게 한다.
3. 찐 꽃을 채반에 얇게 펴서 말린다. 바람이 통하지 않으면 곰팡이가 쉽게 생기므로 주의한다.
4. 다 마른 꽃은 밀폐 용기에 담아 보관한다.

사위질빵꽃차

이뇨 작용
진통 작용

꽃차 마시는 법
꽃송이 5~7개를 찻잔에 담고 끓는 물을 부어 우려내어 마신
다.

차의 맛과 효능
맛은 달고 매우며 성질은 따뜻하다. 알싸한 뒷맛이 매력적이
다. 여러 번 우려내도 맛이 균일하다.
이뇨・진통 작용을 한다.

산딸나무

기본 사항

학명 *Cornus Kousa* Buerg.

개화 5~6월

분포 전국의 산지

약명 사조화四照花

이용 열매가 산딸기처럼 빨갛게 익는
데 먹을 수 있다.

층층나무과의 낙엽관목으로, 키가 10m 정도로 자란다. 꽃은 5~6월에 흰색으로 피고 4개의 꽃잎이 있으며 한 가지 끝에 한 송이씩 핀다. '그리스도의 꽃'이라는 별명처럼 보혈의 꽃으로 상징되는 기독교의 꽃이기도 하다. 10월에 붉은 열매가 익는다.

작가 노트 _ 열 십 자로 그려 놓은 하늘 보며 하얗게 또는 엷은 분홍색이나 녹색으로 피어 있는 신비스럽고 성스러운 꽃이다. 나무 가득히 빼곡하게 피어 있는 모습은 하늘의 선녀가 내려와 앉아 있는 듯하다.

꽃차 만드는 법

만드는 법

1. 산딸나무꽃을 봉오리째 채취하여 깨끗이 손질한다.
2. 손질한 꽃을 7~10일 정도 반그늘에서 말린다.
3. 마른 꽃을 수증기에 20초씩 총 3회 반복한다.
4. 찐 꽃을 다시 말린다.
5. 완전히 마른 꽃을 밀폐 용기에 담아 보관한다.

memo

만드는 과정이 비교적 쉽다.

산딸나무꽃차

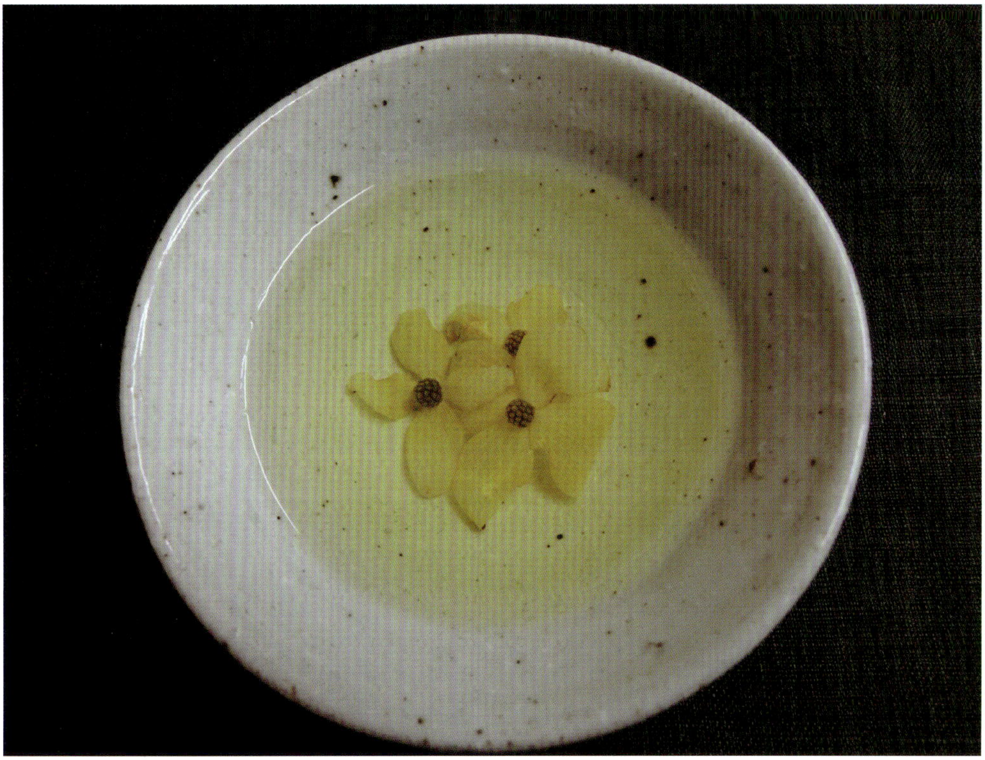

혈압 강하 작용

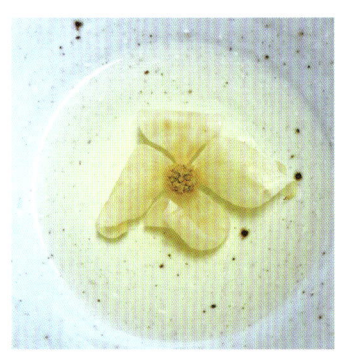

꽃차 마시는 법

말린 꽃 1송이를 찻잔에 담고 끓는 물을 부어 1분간 우려내어 마신다.

차의 맛과 효능

맛은 약간 달고 성질은 차다. 풋풋한 향기가 5월의 싱그러움을 전한다.
혈압 강하에 도움이 된다. 골절상에 활용한다.

산수유

기본 사항

학명 *Cornus officinalis* Sieb. et Zucc.

개화 4월

분포 전국

약명 산수山茱萸

이용 새벽에 설사를 하거나 야뇨증, 자궁 출혈이 있을 때 처방한다. 간 기능이 약해 식은땀이 나고 잘 놀라며 가슴이 뛸 때도 쓰인다. 감정의 돌변이나 기억력 감퇴, 불면증 등 신경 쇠약에도 두루 쓰이는 귀한 약재다. 단, 도라지나 방기와는 함께 쓰지 않는다.

층층나무과의 낙엽관목으로, 키는 7m 정도로 자란다. 추위가 가시지 않은 이른 봄에 가장 먼저 찾아오는 꽃으로, 3월에 꽃송이 하나에 20~30개의 꽃이 달린다. 꽃이 진 뒤에 잎이 나고 10월에 열매가 붉게 익는데 이를 '산수유山茱萸'라고 한다. 한방에서 열매의 씨를 빼버린 뒤 과육을 말려 한방에서 약재로 쓰는데, 강장제·수렴제로서 효과가 있다. 타닌·사포닌·비타민 A 등의 성분이 들어 있다. 나무를 정원에 심으면 관상수로서 가치가 있고, 꽃꽂이용으로도 이용할 수 있다.

작가 노트_노란색의 꽃이 잎보다 먼저 피어 봄을 장식하는, 은은한 아름다움이 있는 꽃이다.

꽃차 만드는 법

만드는 법

1. 산수유꽃이 활짝 핀 것은 부스러지기 때문에 꽃이 1/3쯤 개화한 것이 좋다.
2. 그냥 말려도 잘 마르나 수증기에 쪄서 말리면 색도 좋고 맛도 더 좋다.
3. 채반에 얇게 펴서 말린다.
4. 완전히 마른 꽃을 밀폐 용기에 담아 보관한다.

memo

개화 시기에 따라 꽃의 품질이 달라진다.

산수유꽃차

꽃차 마시는 법
말린 꽃 2~3송이를 찻잔에 담고 끓는 물을 부어 1분간 우려내
어 마신다.

차의 맛과 효능
맛은 약간 달고 떫으며 성질은 따뜻하다.
야뇨증 · 자궁 출혈에 효과적이며, 간 기능 허약으로 가슴 뛰
는 증상에 효과적이다. 혈당 강하 작용이 있다.

산자고

기본 사항

학명 *Tulipa edulis*

개화 4~5월

분포 양지바른 산기슭 풀밭

약명 산자고山慈姑

이용 종양 치료제로 쓰인다. 청열해독淸熱解毒 작용이 있다. 식도암·폐암·위암·피부암 등에 개선 효과를 나타내는 것으로 알려졌다..

난초과의 여러해살이풀로, 화경은 1개이고 키는 20㎝ 정도로 자란다. 하얀 난꽃과도 같지만 뒷면은 샤프란처럼 붉은 보랏빛 줄이 있으며 4~5월에 핀다. 쭉쭉 뻗은 잎은 강하게 보이지만 연약하기 이를 데 없다. 흰색이 되는 꽃밑 잎은 2개가 밑동에서 나오고 1개의 암술과 6개의 수술로 되어 있다. 앉은뱅이꽃인데다 잘 보이지 않지만 군락을 지어 자라므로 발견만 하면 꽃을 얻기 쉽다.

작가 노트 _ 쌀쌀한 봄바람을 받으며 화사한 봄 햇살을 한껏 받아 수줍게 피어 말없이 사그라지는 작은 꽃이다. 여리면서도 강한 생명력을 자랑하는 산자고는 풋풋한 정서적 청순한 이미지를 간직한 꽃이다.

꽃차 만드는 법

memo

차를 과음하면 좋지 않다.

만드는 법

1. 산자고 꽃송이를 따서 깨끗이 손질한다.
2. 그늘에서 말리는데 건조한 곳에서는 3~4일, 그렇지 않은 곳에서는 7~8일가량 말린다.
3. 마른 꽃은 번철에 살짝 덖어 준다.
4. 완전히 마른 꽃을 밀폐 용기에 담아 보관한다.

산자고꽃차

청열해독 작용

꽃차 마시는 법

말린 꽃 3~5송이를 찻잔에 담고 끓는 물을 부어 우려내어 마신다.

차의 맛과 효능

맛은 달고 성질은 차다. 소량의 독을 가지고 있다. 점액질, 포도당 등의 성분이 들어 있다.

청열해독淸熱解毒 작용을 하며, 항암 활성 반응을 한다.

※ 신체가 허약한 사람은 복용을 삼간다.

산초나무

기본 사항

학명 *Zanthoxylum schinifolium*

개화 5~6월

분포 전국 산기슭

약명 산초山椒

이용 잎이나 열매로 장아찌를 만들어 먹기도 한다.

운향과의 낙엽관목으로 키는 3m 내외로 자란다. 꽃은 5월에 황녹색으로 피며 자웅이주이고 꽃잎은 없으며 화피는 5개다. 9월에 열매가 성숙하는데, 성숙한 과피를 말린 것을 '산초山椒'라고 한다.

작가 노트 _ 산길을 걷다 보면 코끝으로 흘러들어오는 산사의 향을 만날 수 있다. 연녹색으로 눈에 잘 띄지 않아 그냥 지나칠 수 있는 꽃이다. 울긋불긋한 꽃도 아름답지만 보일 듯 말 듯 드러나지 않게 피는 꽃도 아름답다. 독특한 향으로 자신의 입지를 확실하게 보여 주는 꽃이다. 마음이 답답하면 산으로 가자. 산초나무 향기에 마음이 시원해질 것이다. 산사의 풍경소리가 듣고 싶다면 산초나무꽃차를 마셔 보자. 입안에서부터 산사의 풍경소리가 울려퍼지는 소리를 느낄 수 있을 것이다.

꽃차 만드는 법

memo
진한 향기를 적당히 날려보내는 것이 중요하다.

만드는 법

1. 산초나무꽃은 꽃송이 전체를 그대로 쓰면 부피가 지나치게 크므로 작은 꽃가지 단위로 나누어 손질한다.
2. 향이 강하므로 수증기에 20~30초 내외로 2~3회 찐다.
3. 찐 꽃을 채반에 얇게 펴서 말린다.
4. 완전히 마른 꽃을 밀폐 용기에 담아 보관한다.

산초나무꽃차

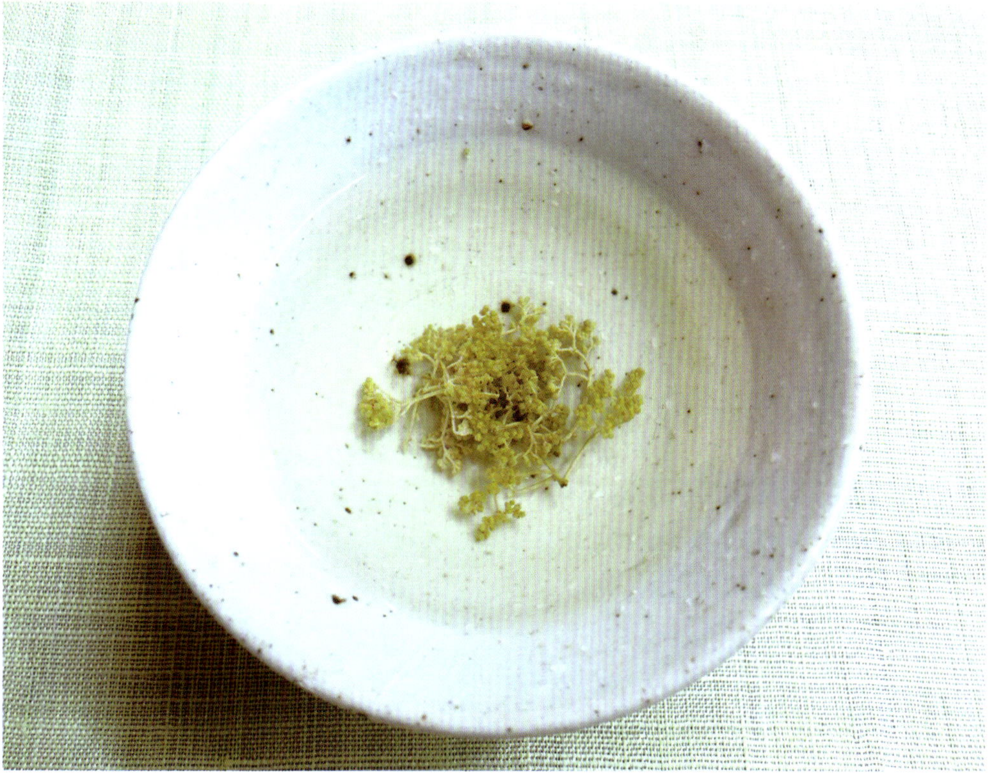

위장병에 효과

꽃차 마시는 법

말린 꽃 1/3티스푼을 찻잔에 담고 끓는 물을 부어 우려내어 마신다. 여러 번 우려서 마신다. 산사의 고고한 여유를 느낄 수 있는 신선한 차이다.

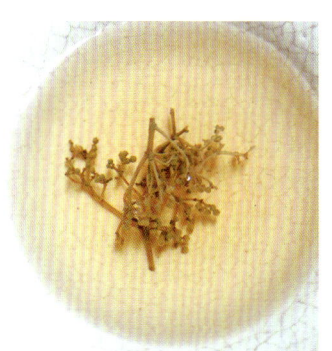

차의 맛과 효능

맛은 맵고 성질은 따뜻하다. 복부 냉증 · 위장병에 효과가 좋으며, 설사를 그치게 한다.

살구나무

기본 사항

학명 *Prunus armeniaca* L. var. *ansu* Maxim.

개화 4월

분포 전국의 인가 근처

약명 행인杏仁, 행인유杏仁油

이용 행인유는 장관을 부드럽게 하고 배변을 촉진하며, 꽃은 장에 열이 많아 생기는 변비나 몸이 약해 생기는 변비와 해수·천식에 효과가 좋다. 배변을 이롭게 하여 얼굴 트러블을 완화해 주는 효과도 있어서 기미·주근깨를 개선한다. 미백 효과도 있다.

장미과의 낙엽교목으로 키는 6m 내외다. 꽃은 4월에 연분홍색으로 잎보다 먼저 한 개 또는 두 개가 나란히 핀다. 꽃잎은 둥글고 암술 하나에 여러 개의 수술이 난다. 과실은 6월에 황색으로 익는다. 꽃 밑부분에 유난히 꿀이 많다.

작가 노트 _ 살구나무꽃은 달콤한 냄새가 울타리 너머 동구 밖까지 흘러가는 향 많은 꽃이다. 꽃 반 벌 반이라고 해야 하나. 벌들의 왕왕거림이 교향곡을 만들어 내는 듯 바삐 움직인다. 그래서 눈이 즐겁고 귀가 즐겁고 코가 즐겁게 꽃을 감상할 수 있다. 벌만 좋아하는 것이 아니라 개미들까지도 높은 나무 위로 꿀을 가지러 올라간다. 연한 핑크빛에 금방이라도 '톡' 하고 터질 것 같은 어린 꽃잎. 꽃 중에서는 모든 이의 사랑을 받는 아주 복이 많은 꽃이 아닌가 싶다.

꽃차 만드는 법

memo
꿀샘이 많아 시들리는 과정이 필수

만드는 법

1. 꽃송이째 손질한 살구나무꽃을 3~4시간 시들린 뒤 찐다. 처음부터 찌면 꽃잎이 부스러지거나 붙어 버릴 수 있다.
2. 채반에 얇게 펴서 말린다.
3. 완전히 마른 꽃을 밀폐 용기에 담아 보관한다.

다른 방법

손질해 놓은 꽃을 분량의 설탕으로 겹겹이 재운다. 15일이 지나면 사용할 수 있다. 맛이 달므로 티스푼으로 1스푼이 적당하다. 밀폐 용기에 담아 냉동실에 보관한다.

살구꽃차

갈증 해소에 효과

꽃차 마시는 법

말린 꽃 1티스푼을 찻잔에 담고 끓는 물을 부어 우려내어 마신
다. 여러 번 마신다. 마실 때마다 꿀 향이 입 안을 적시므로 갈
증 해소에 특히 좋다.

차의 맛과 효능

맛은 쓰고 달며 성질은 따뜻하고 향기롭다.

해수·천식을 치료한다. 갈증 해소에 효과적이다. 장이나 위
에 열이 많아 생기는 변비에 효과가 있다. 지방유·단백질·
각종 아미노산이 들어 있다. 지방유는 장관을 부드럽게 하여
배변 효과가 있다.

삼색제비꽃[팬지]

기본 사항

학명 *Viola tricolor* L.

개화 4~5월

분포 전국에서 관상용으로 재배

약명 -

이용 자주색 꽃에 루틴 성분이 들어 있어 민간에서 정혈淨血 및 이뇨제로 약용한다.

제비꽃과의 한해살이 또는 두해살이풀로, 키는 15~30㎝ 정도로 자라고, 꽃잎은 5장으로 구성되어 있다. 4~5월에 꽃이 피는데, 푸른색(보라색)·노란색·흰색이 섞여 있는 꽃잎은 벨벳 같은 느낌을 준다. 북유럽 원산의 야생 팬지를 비올라-코르누타, 비올라 루테나, 비올라 알타이카 등과 교배시킨 관상용 꽃으로 '팬지pansy'라는 이름으로 잘 알려져 있다. 야생 팬지의 영어 이름은 'johnnyiump-up', 'iove-in-idleness'이다.

작가 노트 _ '귀여운 여인'이라는 별명처럼 앙증맞고 귀엽다. 한겨울 비닐하우스에서 재배하기도 하여 다양한 색과 크기로 꽃이 귀한 한겨울에 기쁨을 준다. 팬지꽃을 보면 '희망'이란 말이 저절로 떠오른다.

꽃차 만드는 법

memo

열에 약하므로 덖으면 안 된다.

만드는 법

1. 팬지꽃은 소륜계의 비올라를 기준으로 준비한다. 꽃송이를 손가락 사이에 넣고 위로 올리듯 딴다.
2. 열에 약하므로 실온에서 바닥과 분리하여 얇게 펴서 말린다.
3. 뒤집어서 말리면 예쁜 모습으로 꽃의 형태가 예쁘게 고정된다. 꽃잎이 얇아서 빨리 마른다.
4. 말린 꽃은 수증기에 15초씩 3회 반복하여 쪄 준다. 열에 약하여 쉽게 변형되므로 수증기에 쪄서 말리는 것이 좋다.

삼색제비꽃차[팬지꽃차]

항염증 작용

꽃차 마시는 법

말린 꽃 중에서 노란 꽃 3개, 보라색 꽃 2개를 200㎖ 용량의 유리 다관에 담고 끓는 물을 부어 40초간 우려내어 마신다. 엷은 코발트 색의 찻물이 우러나와 아름답다. 찬물에 우리면 보라색 물이 우러난다.

차의 맛과 효능

맛이 달고 시다. 색색의 찻물이 보는 즐거움을 준다.
항염증 · 항균 작용을 한다. 부인과 질환 · 냉증 · 백대하에 도움이 된다. 비타민 C 가 많아 면역력 증강에 도움이 된다.

생강나무

기본 사항

학명 *Lindera obtusiloba* Blume

개화 3~4월

분포 전국의 산기슭

약명 황매목黃梅木

이용 어린순을 나물로 먹고, 가지와 줄기 껍질을 수시로 채취하여 햇볕에 말려 위가 아픈 데, 오한 감기, 산후풍 등에 약용한다. 삔 데, 타박상을 입어 아픈 데 생것을 짓찧어 바른다.

녹나무과의 낙엽관목으로, 키는 약 3m이고, 2~3월에 자잘한 노란색 꽃이 꽃줄기 없이 가지에 붙어서 잎보다 먼저 핀다. 열매는 10월경에 검붉은색으로 익는다. 동백나무처럼 열매에서 기름을 얻을 수 있으며, 꽃·잎·가지에서 생강과 비슷한 알싸한 냄새가 난다. 함경북도를 제외한 전국에 자생한다. 예전에 사찰에서는 사원에 차나무가 없으면 생강나무 새순을 따다 덖어서 찻잎 대용으로 사용했다고 한다. 잎과 꽃에서도 생강향이 나서 '생강나무'라고 부른다.

작가 노트 _ 햇살이 강한 한낮에는 연한 노란색의 꽃이 잘 보이지 않다가 햇살이 수그러들면 아름다운 자태가 드러난다. 이른 봄 찬 기운이 채 가시지 않은 산기슭을 장식하는 반가운 꽃이다. 꽃나무 자체가 어린아이의 숨결처럼 보드라운 느낌을 주며, 꽃은 말려도 색이 변하지 않는다.

꽃차 만드는 법

만드는 법

1. 노랗게 핀 생강나무꽃을 채취하여 깨끗이 손질한다.
2. 그대로 그늘에 말려도 되고, 향이 강하다고 생각되면 찜기에 약 30초 정도 쪄서 그늘에 말려도 된다.
3. 완전히 마른 꽃을 밀폐 용기에 담아 보관한다.

※ 생강나무꽃차는 향이 강해서 많은 양을 준비해도 안 되고, 지나치게 오래 우려도 맛이 없으므로 적은 양을 빨리 우려내어 마시는 것이 좋다. 게다가 색깔이 잘 변하지 않아서 누구나 쉽게 만들 수 있다.

memo
그대로 말려 써도 무방하다.

생강나무꽃차

어혈 제거

꽃차 마시는 법
말린 꽃 3~4개를 찻잔에 담고 끓는 물을 부어 30초간 우려내어 마신다.

차의 맛과 효능
맛은 맵고 성질은 따뜻하다. 연한 생강 향에 녹차와 같은 깔끔한 맛이 난다.
타박상으로 인한 어혈을 풀어 준다. 산후 동통에도 좋다.

서양수수꽃다리[라일락]

기본 사항

학명 *Syringa vulgaris* L.
개화 4월
분포 전국에서 재배
약명 정향丁香
이용 관상용으로 심는다.

물푸레나무과의 낙엽관목으로, 키가 2~3m이며 잎은 마주나고 약간의 광택이 있다. 꽃은 4월에 흰색·보라색·붉은 보라색 등으로 피는데 꽃이 크고 향기가 강하다. 대개 연한 자줏빛을 띠지만 품종에 따라 흰색·빨간색·파란색도 있다. 9월에 익는 열매는 끝이 날카롭다. '양정향나무'라고도 하고, 영어로는 '라일락', 프랑스어로는 '리라'라고 한다.

작가 노트 _ 보랏빛 또는 흰색으로 잔잔하게 피어서는 끊임없이 향을 뿜어내는 라일락은 소녀 시절의 첫사랑을 기억나게 한다.

꽃차 만드는 법

memo
쪄서 말리면 색이 오래 유지된다.

만드는 법

1. 라일락 꽃송이를 따서 손질한다. 보라색이나 흰색 모두 가능하다.
2. 수증기에 약 15초 내외로 살짝 쪄서 말린다. 찌지 않고 그냥 말려 써도 가능하다.
3. 남은 수분은 전자레인지를 이용하여 없앤다. 해동에서 2분씩 3~4회 하면 남은 수분을 없앨 수 있다.
4. 완전히 마른 꽃을 밀폐 용기에 담아 보관한다.

서양수수꽃다리꽃차

항산화 작용

꽃차 마시는 법

말린 꽃송이 하나를 찻잔에 담고 끓는 물을 부어 바로 우려내어 마신다. 오래 두면 쓴맛이 많이 나오므로 금세 마신다. 여러 번 우려내어 마신다.

차의 맛과 효능

맛이 쓰고 매우며 성질은 따뜻하다.

진통 · 항염증 · 항균 · 항산화 작용을 한다. 위산 분비를 촉진한다.

석류나무

기본 사항

학명 Punica granatum L.

개화 5~6월

분포 인가 부근

약명 석류石榴

이용 화전이나 꽃샐러드에 두루 이용된다.

석류나무과의 낙엽 소교목으로 키는 5~7m이고, 달걀 모양의 잎이 마주난다. 5~6월에 붉은색 꽃이 가지 끝에 1~5개씩 달린다 .9~10월에 황갈색 또는 붉은색의 열매가 익는데 완전히 성숙하면 불규칙하게 갈라진다. 즙이 많은 담홍색 종자를 생식하고, 청량음료의 재료로 사용한다. 한방에서 열매 껍질을 '석류피石榴皮'라는 약재로 쓰는데, 설사ㆍ이질에 효과가 있고 구충제로도 이용된다.

작가 노트 _ 시골집 뒤란으로 돌아서면 작은 텃밭 한곳에 조용히 자리잡고 있는 석류나무. 여름이면 꽃이 피어 주황빛으로 물든다. 무거운 듯 달려 있는 꽃은 비단을 달아 놓은 듯 빛나기만 한다. 꽃도 아름답고 익어서 터지는 열매 또한 아름답다. 꽃 하나에 희망 하나, 또 꽃 하나에 꿈 하나……. 이렇게 이야기를 나누다 보면 힘들고 지친 몸이 거짓말처럼 가벼워진다.

꽃차 만드는 법

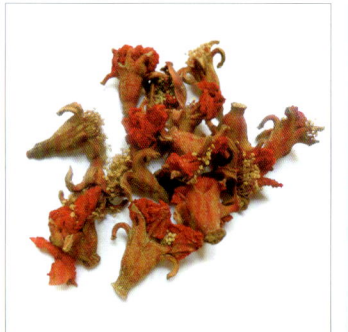

memo

칼이 닿으면 검게 변한다.

만드는 법

1. 석류나무꽃은 심이 두꺼우므로 칼로 얇게 썰어서 꽃잎과 함께 말린다.

2. 바람이 잘 통하는 그늘에서 2주일간 말린다.

3. 완전히 마른 꽃을 밀폐 용기에 담아 보관한다.

석류나무꽃차

피부 미용

꽃차 마시는 법
말린 꽃 1티스푼을 찻잔에 담고 끓는 물을 부어 1분간 우려내
어 마신다.

차의 맛과 효능
맛은 시고 떫으며 성질이 따뜻하다.
피부 미용에 좋고 소화력도 탁월하다. 장내 기생충으로 인한
복통이 있을 때도 좋다.

석산[꽃무릇]

기본 사항

학명 *Lycoris radiata* H.

개화 9월

분포 사원, 묘지, 마을 근처

약명 석산石蒜

이용 한방에서는 비늘줄기를 인후염·림프절염·종기·악창 등에 약용한다.

수선화과의 여러해살이풀로, 잎이 떨어진 뒤 땅에서 꽃자루가 길게 나와 9~10월에 진홍색 꽃 5~10송이가 줄기 끝에 산형꽃차례로 핀다. '꽃무릇'으로 잘 알려져 있으며, 비늘줄기를 '석산石蒜'이라 하여 한방에서 약재로 쓰는데 독성이 강하므로 주의해야 한다. 한국 특산종으로, 전라남도 장성의 백양사 인근에서 처음 발견되었다 하여 '백양꽃'이라고도 부른다. 개상사화·백양꽃·흰상사화 등과 함께 '상사화'라고 총칭한다.

작가 노트 _ 가을로 접어들 때 단풍도 아니면서 짙은 불바다를 이루는 꽃. 아직 푸르름이 남아 있는 나무 그늘에서 화려한 왕관처럼 위엄 있게 피어나는 꽃무릇은 사찰 진입로에 많이 심어져 있다. 여름을 견디느라 기운이 소진된 시기에 다시 한 번 마음을 불태우게 하는 용기를 주는 꽃이다.

꽃차 만드는 법

만드는 법

1. 꽃송이 작은 것 하나씩을 분리하듯이 떼어 내며 손질한다.
2. 그늘에서 말리되 밤에는 불을 지핀 온돌방에서 말린다.
3. 말려도 남아 있는 수분과 독성을 없애기 위해 기름기 없는 프라이팬에 2~3회 덖거나 끓는 수증기에 약 20초씩 3회 정도 쪄 준다.
4. 완전히 마른 꽃을 밀폐 용기에 담아 냉동실에 보관한다.

memo

수분을 완전히 없애는 과정이 까다롭다.

석산꽃차

인후염 개선

꽃차 마시는 법

말린 꽃 1~2송이를 찻잔에 담고 끓는 물을 부어 바로 우려내어 마시는 것이 좋은데 첫물은 따라 버리고 두 번째부터 마시는 것이 좋다. 혹 남아 있을 독성이나 이물질 제거에 도움이 되기 때문이다. 우린 차의 색은 자흑색으로 우아하게 퍼진다.

차의 맛과 효능

맛이 달고 쓰다. 자흑색의 찻물에서 느껴지는 쓴맛이 기분을 상쾌하게 한다. 허약자나 임산부는 구토 증세가 있을 수 있으므로 사용을 피한다.

쇠뜨기

기본 사항

학명 *Equisetum arvense* L.

개화 3~4월

분포 전국의 들과 밭

약명 문형問荊, 필두엽筆頭葉

이용 5~7월에 전초를 뜯어 그늘에 말려 쓴다. 열을 내리고, 기침을 멎게 하며, 오줌을 잘 나가게 한다.

속새과의 여러해살이풀로 키는 20~40cm 정도이고, 흑갈색 땅속줄기가 옆으로 뻗으며 번식한다. 이른봄에 살색의 생식줄기가 포자를 만들고 스러질 무렵 영양줄기가 나와 푸르게 자란다. 이 영양줄기를 '문형問荊'이라 하여 전초를 말려 이뇨제·지혈제 등으로 쓰는데, 과다 섭취하면 부작용이 크므로 주의해야 한다.

작가 노트 _ 마른 땅에 삐죽삐죽 솟아나와 머리 벗겨진 벌레집처럼 피는 꽃이다. 연녹의 꽃가루를 날리며 넓은 대지를 황토빛으로 물들인다. 사람도 겉모양으로 판단할 수 없듯이 쇠뜨기 또한 모양은 꽃이라고 보기가 어려울 정도지만 차로 만들었을 때의 향기는 그윽하기 이를 데 없다.

꽃차 만드는 법

memo

꽃가루 정리가 필수적이다.

만드는 법

1. 쇠뜨기 생식줄기의 포자가 날리기 전에 채취한다.
2. 바람이 잘 통하는 그늘에서 말리되 중간에 한 번 꽃가루를 털어 준다.
3. 말린 쇠뜨기를 수증기에 한 번 찐 뒤 다시 말린다. 수증기에 찌지 않으면 꽃가루가 지저분해진다.
4. 다 마르면 밀폐 용기에 담아 보관한다.

쇠뜨기차

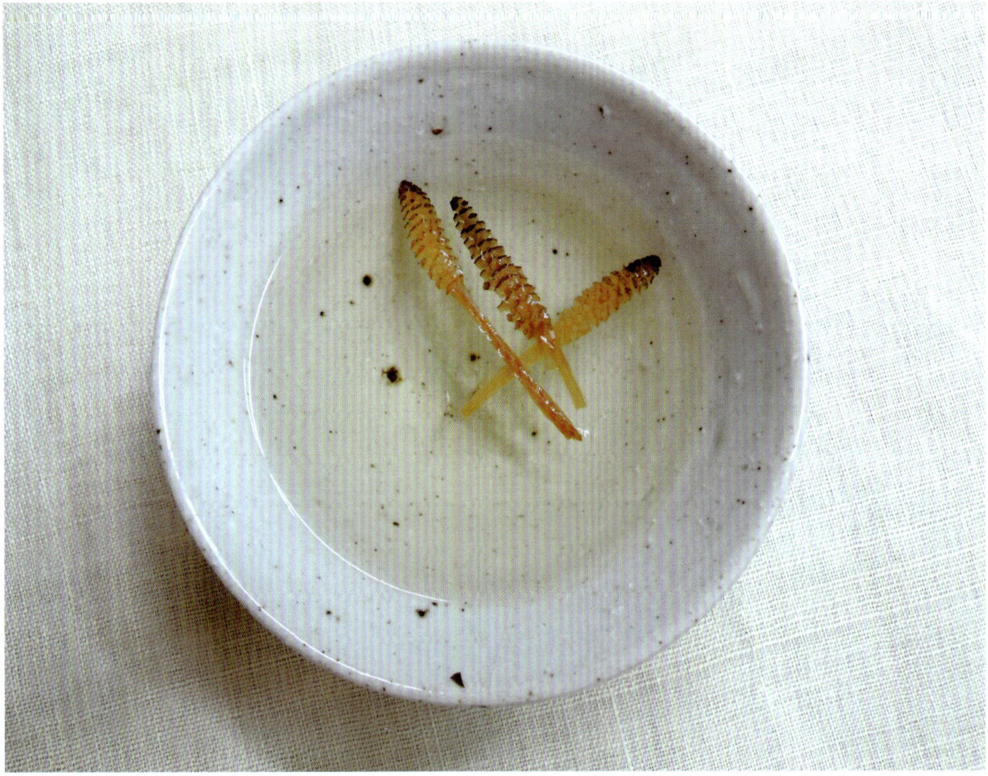

해열 작용
기침 개선

꽃차 마시는 법

말린 쇠뜨기 3~4송이를 찻잔에 담고 끓는 물을 부어 바로바로 우려내어 마신다.

차의 맛과 효능

맛은 쓰고 성질은 따뜻하다. 이뇨 · 혈압 강하 · 심장 수축력 증가 · 지혈 작용을 한다. 최근 각종 암 치료에 효과가 있음이 밝혀졌다.

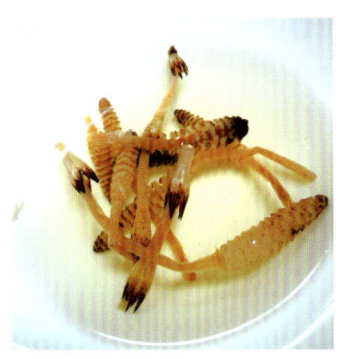

수선화

기본 사항

학명 *Narcissus tazette* L. var. *chinensis* Roem.

개화 12~3월

분포 전국에서 관상용으로 재배

약명 수선화水仙花

이용 수선화 생즙을 내어 부스럼에 외용하며, 꽃은 정유를 내어 풍風을 제거한다. 비늘줄기는 거담·백일해 등에 약으로 쓴다.

지중해연안이 원산지인 수선화과의 여러해살이풀로, 키는 20~30㎝이며, 땅속줄기는 양파처럼 둥글고 잎은 난초처럼 선형이다. 12~3월에 달걀 모양의 비늘줄기에서 나오는 꽃줄기 끝에서 5~6개의 노란색 또는 흰색 꽃이 핀다. 흰색의 꽃 속에 노란색 수술이 자리잡고 있다.

작가 노트 _ 고개를 숙인 듯 살며시 치켜올리는 모습이 나의 학창시절을 떠올린다. 부끄러우면서도 호기심 많았던 고교 시절의 모습 속에서 사랑 가득한 모습으로 세상을 보는 듯하다.

꽃차 만드는 법

만드는 법

1. 수선화꽃을 따서 흙이나 잡티를 깨끗이 손질한다.
2. 방바닥에 한지를 깔고 꽃을 말린다.
3. 잘 마른 꽃은 꽃심에 남아 있는 수분을 없애기 위해 전자레인지를 이용한다. 전자레인지 해동 모드에서 2분가량 3~4회 반복해서 돌려 준다.
4. 한 번 돌린 뒤에는 꺼내서 식힌 뒤 다시 돌린다.
5. 밀폐 용기에 담아 보관한다.

memo

뒤트임을 해 주는 것이 포인트

수선화차

번열증 해소

꽃차 마시는 법

말린 꽃 1개를 찻잔에 담고 끓는 물을 부어 1분간 우려내어 마신다.

차의 맛과 효능

맛은 달고 쓰고 매우며 성질은 차다. 정유 성분이 들어 있으며, 향기가 좋아 여성의 번열증을 해소한다.

※ 수선화차를 많이 마시면 가슴 두근거림 증상이 나타난다.

싸리나무

기본 사항

학명 *Lespedeza bicolor* Turcz.

개화 7~9월

분포 전국의 양지바른 산과 들

약명 호지자胡枝子

이용 꽃 : 얼음꽃과 꽃샐러드 재료로 좋다. 나무 : 가지가 가늘고 부드러워서 바구니나 광주리 재료가 된다.

콩과의 낙엽관목으로, 키는 2~3m 정도로 자라며 겨울철에 줄기와 가지가 반 이상 말라 죽는다. 7~8월에 잎겨드랑이나 가지 끝에서 붉은 자주색 꽃이 핀다. 온도와 조건이 맞으면 꽃이 한 번 더 피며 밀원 식물로서 가치가 크다. 추위와 건조에 강하고 볕이 잘 드는 곳을 좋아한다.

싸리나무는 예부터 마당비나 울타리를 만드는 데 사용해 왔다. 대나무가 나지 않는 산골에서는 바구니 등의 생활용품을 만들어 썼다. 밀원용으로도 애용되고 있으니 싸리나무는 유난히 친근하고 고마운 존재다. 비수리·개싸리 등의 종류가 있다.

작가 노트 _ 홍자색의 꽃이 작은 무더기를 이루며 여름에서 가을에 걸쳐 피어난다. 싸리나무 잎은 참새 주둥이처럼 뾰족하면서도 앙증맞고, 털을 뒤집어쓰고 있는 듯 보드랍다.

꽃차 만드는 법

memo
그늘에서 말려 그대로 사용해도 좋다.

만드는 법

1. 꽃을 채취하여 깨끗이 손질한다.

2. 손질한 꽃을 그늘에서 말린 뒤 팬에 덖어 열처리한다.

3. 완전히 마른 꽃을 밀폐 용기에 담아 보관한다.

잎차 만드는 법

3~4월경 연한 싸리나무 잎을 채취하여 깨끗이 손질하여 그늘에서 말린다. 말린 싸리나무 잎을 솥에서 살짝 덖는다. 덖는 과정을 여러 번 반복할수록 맛이 좋아진다. 완성된 차는 밀폐 용기에 담아 보관한다.

싸리나무꽃차

해독 작용

꽃차 마시는 법

말린 꽃 1티스푼을 찻잔에 담고 끓는 물을 부어 1분간 우려내어 마신다.

잎차를 마실 때에는 찻잔에 잎차 1스푼을 넣고 뜨거운 물을 부어 1분간 우려내어 마신다.

차의 맛과 효능

맛이 달다.

타박상과 통증으로 인한 고통을 줄여 주고 피로를 풀어 주는 효과가 있으며 해독 작용을 한다.

쑥

기본 사항

학명 *Artemisia princeps*

개화 9~10월

분포 전국

약명 애엽艾葉

이용 쓰고 맵고 따뜻한 성질을 가진 쑥은 자궁과 하복부가 약하고 차가워서 일어나는 증상을 개선해 준다. 특히 쑥꽃은 생리통을 완화하고 위를 따뜻하게 해 주는 효과가 있어 여성에게 좋다. 습진이나 가려운 증상이 있을 때 쑥 달인 물로 환부를 세척하면 효과를 볼 수 있다.

국화과의 여러해살이풀로, 키는 50~100㎝ 정도로 자란다. 우리나라 건국 신화에 등장할 정도로 이용 역사가 오래된 식물이기도 하다. 8~10월에 연녹색의 작은 꽃이 피는데 가지 끝 잎겨드랑이에서 꽃대가 자라나와 8~9송이씩 피며 한쪽으로 치우쳐 달린다. 약쑥·산쑥·항해쑥 모두 비슷한 용도로 쓴다.

작가 노트 _ 쑥은 민간요법에서 가장 많이 쓰이고, 역사도 오래된 대표적인 약용·식용 식물이다. 우리 땅에서 자라는 가장 대표적인 약초라고나 할까. 봄의 어린순은 나물로, 좀 자란 것은 약으로 이용되는데, 낙엽이 질 무렵 꽃이 피어나는 것을 아는 사람은 많지 않다.

꽃차 만드는 법

memo

덖을 때 조물조물 주물러 분이 나게 하는 것이 포인트

만드는 법

1. 8~9월경 쑥 꽃이 필 때 꽃 봉오리를 훑듯이 채취하여 손질한다.
2. 손질한 꽃을 수증기로 1분 정도 쪄서 얇게 펴서 그늘에서 말린다.
3. 말린 쑥꽃을 프라이팬에 넣어 3~4회 정도 덖는다.
4. 완전히 마른 꽃을 밀폐 용기에 담아 보관한다.

※ 쑥차는 일 년 내내 만들 수 있다. 떡이나 국(애탕), 술 등 쓰임새가 다양하다. 차를 마시고 난 찌꺼기는 세수나 목욕할 때 쓴다.

쑥꽃차

위와 장을 따뜻하게

꽃차 마시는 법
말린 꽃 1스푼을 찻잔에 담고 끓는 물을 부어 30초간 우려내어
마신다.

차의 맛과 효능
맛은 쓰고 매우며 성질은 다뜻하다.
쑥꽃은 생리통을 완화하고 위를 따뜻하게 해 주는 효과가 있
어 여성에게 좋다. 자궁과 하복부가 약하고 차서 일어나는 증
상을 개선해 준다.

아까시나무

기본 사항

학명 *Robina pseudacacia* L.

개화 5월

분포 전국의 산과 들

약명 자괴화刺槐花

이용 아까시나무꽃은 꽃샐러드나 꽃얼음, 부각, 튀김의 재료로 두루 쓰인다. 신장염을 개선하고 가래를 삭이는 효과가 있다.

콩과의 낙엽교목으로 키는 5~7m 정도로 자란다. '아카시아'라는 이름으로 더 잘 알려져 있다. 5월에 흰색 꽃이 포도송이처럼 아래를 향해 피는데, 꽃은 윗부분부터 피기 시작하여 아래쪽으로 내려온다. 열매는 9월에 납작한 꼬투리 모양으로 익는데 5~10개의 종자가 들어 있다. 어린잎은 신체에 과민 반응을 나타내므로 익혀서 사용해야 한다. 꽃이 분홍색이며 가지에 바늘 같은 가시가 빽빽이 나는 것을 '꽃아까시나무'라고 한다.

작가 노트 _ 보릿고개를 함께 넘은 친근한 꽃이다. 어린 시절 소꿉친구와 꽃을 따서 먹으면서 웃던 기억이 난다. 아카시아 꽃이 활짝 피면 온 산이 하얗게 변해 버린다. 초여름 저녁, 바람이 불 때마다 진한 향기가 멀리멀리 퍼져 간다.

꽃차 만드는 법

memo
처음부터 쪄서 말리는 것이 필수

만드는 법

1. 아까시나무꽃을 훑듯이 채취하여 깨끗이 손질한다.
2. 손질한 꽃을 수증기에 20초씩 총 3회 반복하여 찐다.
3. 찐 꽃을 일주일 정도 그늘에서 말린 뒤 햇볕에 2~3시간 내놓아 습기를 제거한다. 기호에 따라 팬에 덖어도 좋다.
4. 완전히 마른 꽃을 밀폐 용기에 담아 보관한다.

※ 아까시나무꽃은 꿀이나 설탕에 재우는 것보다 말리는 것이 좋다.

아까시나무꽃차

신장염 개선

꽃차 마시는 법
말린 꽃 1스푼을 찻잔에 담고 끓는 물을 부어 30초간 우려내어
마신다.

차의 맛과 효능
맛은 달고 담백하며 부드럽다. 향기 또한 감미로워서 자꾸 마
시고 싶어진다. 공복에 마셔도 좋으며, 많이 마셔도 부담이 없
다.
신장염 치료에 좋다. 방광염·기침·기관지염에도 쓰여 왔
다. 또한 지혈 작용이 있다.

앵도나무

기본 사항

학명 *Prunus tomentosa*

개화 4월

분포 전국에서 재배

약명 앵도 櫻桃

이용 한방에서는 열매와 가지를 약용
한다. 열매는 이질과 설사를 다스리
고, 가지를 불에 태워 재를 술에 타서
마시면 복통과 전신통에 효과가 있다.

장미과의 낙엽관목으로, 키는 3m 내외로 자라며 가지를 유난히 많이 친다. 4월에 흰색 또는 분홍
색 꽃이 잎보다 먼저 피고 6월에 구슬 같은 열매가 빨갛게 익는다. 과실에는 잔털이 나 있고 물이
많으며 윤기가 나는데 모양이 매우 아름답고 맛도 좋다. 예부터 앵도나무를 울밑에 심어 꽃과 열
매를 감상하고 과실을 식용했다.

작가 노트 _ 봄이면 창밖으로 우윳빛으로 부서지는 앵두꽃과 분홍빛으로 화사하게 퍼지는 산앵도
나무꽃을 본다. 보기만 해도 기도가 우러나오게 하는 요술 꽃이다.

꽃차 만드는 법

memo

**꽃이 활짝 피기 전에 채취하는 것이
중요하다.**

만드는 법

1. 앵도나무꽃은 서로 붙어서 피므로 잡티를 잘 골라낸다.
2. 손질한 꽃을 채반에 얇게 펴서 말린 뒤 수증기에 15초씩 3회
   반복해서 찐다.
3. 밀폐 용기에 담아 보관한다.

열매차 만드는 법

앵두를 설탕에 켜켜이 재워 열흘간 숙성시키되 이틀 간격으로
한 번씩 섞어 준다. 바로 먹을 것은 냉장 보관하고, 나머지는 냉
동 보관한다. 열매를 건져내고 액만 보관하는 것이 좋다.

앵도나무꽃차

이질 설사 개선

꽃차 마시는 법

말린 꽃 7송이 내외를 찻잔에 담고 끓는 물을 부어 우려내어 마신다. 일반 앵도나무꽃은 단맛이 많고, 산앵도나무꽃은 신맛이 더 강하다.

※ 앵도 발효액은 차가울수록 향기가 진하게 느껴진다.

차의 맛과 효능

맛은 달고 담백하다.

이질 · 설사를 개선한다.

양하

기본 사항

학명 *Zingiber mioga*

개화 8~9월

분포 남부 지방에서 재배

약명 양하襄荷

이용 한방에서 뿌리줄기를 여성의 생리 불순과 백대하를 치료하는 약재로 쓴다. 진해·거담 효과가 있으며 종기와 안구 충혈에도 사용한다. 복통이 심할 때는 종자에 설탕과 물을 넣고 달여 마시면 효과를 볼 수 있다.

생강과의 여러해살이풀로 키는 1m 내외로 자란다. 꽃은 8~9월에 피는데, 땅속에서 비늘줄기 하나에 꽃대가 하나씩 올라와 한 번에 2~3송이씩 피고 진다. 꽃은 난꽃과 비슷하며 황색이 섞인 보랏빛이다. 생강 잎과 비슷하여 언뜻 보면 구별하기가 쉽지 않다. 한방에서는 뿌리줄기와 종자를 약재로 쓴다.

작가 노트 _ 새둥지에서 어린 새끼들이 입을 열고 모이를 달라고 아우성치는 것 같다. 자세를 낮추어야 볼 수 있는 꽃이다.

꽃차 만드는 법

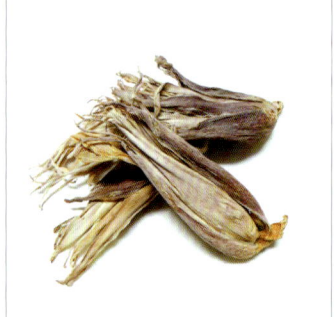

memo
결대로 써는 것이 포인트

만드는 법

1. 채취한 양하 꽃을 젖은 면보로 닦아 낸다.
2. 결대로 어슷 썰어 4등분한 뒤 수증기에 30초씩 총 3회 쪄서 그늘에서 말린다.
3. 팬에 덖어 잔여 수분을 없앤 뒤 완전히 말려 밀폐 용기에 보관한다.

다른 방법

손질한 양하 꽃을 동량의 설탕으로 재운 뒤 다음날 주둥이가 좁은 병에 담아 냉동 보관한다.

양하꽃차

진해 · 거담 작용

꽃차 마시는 법
절인 양하 1개를 찻잔에 담고 끓는 물을 부어 1분간 우려내어
마신다.

차의 맛과 효능
맛은 약간 맵고 성질은 따뜻하다.
생강처럼 매운맛과 향기가 난다. 속을 다스리는 데 좋다.

여뀌

기본 사항

학명 *Persicaria hydropiper*

개화 6~9월

분포 전국의 양지바르고 물기 많은 곳

약명 요蓼

이용 잎과 줄기에는 탄닌이 많이 함유되어 있어 항균 작용이 현저하며, 휘발성의 정유 성분이 혈관 확장 작용으로 혈압을 내려 준다.

마디풀과의 한해살이풀로 키는 40~80㎝ 정도로 자라며, 줄기에 털이 없고 가지가 많이 갈라진다. 6~9월에 이삭 모양의 꽃이 피는데 꽃의 길이는 10㎝ 정도 되며 아래로 처진다.

여뀌 잎은 지혈 작용이 있어서 주로 자궁 출혈ㆍ치질 출혈ㆍ내출혈에 약용한다. 민간에서는 이것을 짓찧어 물고기를 잡는 데 사용한다.

작가 노트 _ 가늘디 가는 몸에 매달려 하늘거리며 바람 부는 대로 몸을 맡기며 지나가는 이의 발길을 멈추게 하는 힘이 있다. 너무 작아 꽃이 어느 것인지 가만히 들여다보아야만 확인할 수 있다. 그런 작은 꽃이 신록 사이에서 당당히 자신의 존재를 알리는 모습은 사람이 사는 모습과 흡사하다.

꽃차 만드는 법

만드는 법

1. 꽃송이째 따서 손질한다.
2. 손질한 꽃을 수증기에 30초씩 총 3회 찐 뒤 그늘에서 말린다.
3. 완전히 마른 꽃을 밀폐 용기에 담아 보관한다.

memo

꽃송이째 채취한다.

여뀌꽃차

식중독 예방 개선

꽃차 마시는 법

말린 꽃이삭 3~4개를 찻잔에 담고 끓는 물을 부어 우려내어
마신다.

차의 맛과 효능

식중독의 예방과 개선 효과가 있고, 이뇨 · 항균 · 지혈 · 소종
작용을 한다. 독성이 약간 있으므로 임신부는 마시지 않는다.

연꽃

기본 사항

학명 *Nelumbo nuciefera* Gaerth

개화 7~8월

분포 중부 이남의 논, 연못

약명 연화蓮花

이용 다량의 전분, 단백질, 지방, 탄수화물, 칼륨이 들어 있다. 해열·해독 작용이 있으며, 몸과 마음이 불안할 때 안정시켜 준다. 안구 출혈로 눈이 붓고 아픈 것을 다스린다. 두통과 어지럼증, 불면증을 개선하며, 해열·해독 작용이 있다. 몸과 마음의 불안을 해소한다.

수련과의 여러해살이 수생식물로, 잎자루가 뿌리줄기에서 나와 1~2m로 자란 끝에 달린다. 잎은 잎맥이 방사상으로 퍼지고 가장자리가 밋밋하며 물에 젖지 않는다. 7~8월에 흰색 또는 분홍색 꽃이 뿌리에서 자라나온 화경 끝에 커다랗게 한 송이 핀다. 과실은 타원형이고 벌집처럼 생긴 구멍에 한 개씩 검은 열매가 익는다. 잎을 '하엽荷葉', 땅속줄기는 '연근蓮根', 뿌리를 '우절藕節'이라고 한다. 잎은 수렴제·지혈제로 약용하며, 뿌리줄기와 열매는 부인병에 약용한다.

작가 노트 _ 진흙 속에서 나와 깨끗한 꽃이 달리는 모습을 속세에 물들지 않는 군자의 꽃으로 표현된다.

꽃차 만드는 법

<u>memo</u>
같은 크기로 썰어서 사용

만드는 법

1. 연꽃을 오전 10시 이전에 따서 깨끗이 손질한다.
2. 꽃잎과 과방, 수술을 같은 크기로 썰어서 팬에 덖는다. 여러 번 반복한다.
3. 완전히 마른 꽃을 밀폐 용기에 넣어 보관한다.

다른 방법

1. 가로 2㎝, 세로 3㎝ 천주머니에 녹차 7~10g을 넣는다.
2. 손질한 연꽃을 벌려 녹차 주머니를 넣고 한지로 말아 놓는다.
3. 만든 연꽃차를 냉동 보관했다가 사용한다.

연꽃차

불안증 해소

꽃차 마시는 법

말린 꽃 1티스푼을 찻잔에 담고 끓는 물을 부어 1분간 우려내어 마신다.

※ 녹차와 연잎을 함께 우려도 좋으며 꽃 자체로도 훌륭한 향과 맛이 난다. 첫물보다는 두 번째가 더 고혹적인 맛이 난다.

차의 맛과 효능

맛은 달고 성질은 따뜻하다. 담백하고 부드러운 맛과 향기가 오래 유지된다.

※ 백련과 홍련 모두 사용 가능하다. 백련은 기품이 있고 홍련은 수려함이 있다. 인생사를 이야기함에 더할 나위 없는 꽃이며 부부의 돈독한 사랑을 표현하는 귀한 차이다.

오동나무

기본 사항

학명 *Paulownia coreana Uyeki*

개화 5~6월

분포 마을 근처

약명 동피桐被, 동엽桐葉, 동유桐油

이용 열매 및 줄기, 가지 껍질과 뿌리의 껍질을 약재로 사용한다.

현삼과의 낙엽교목으로, 우리나라 특산식물이다. 키가 15m 이상 자라는데, 햇가지는 녹색으로 털이 나 있고, 점차 굵어지며 옆으로 퍼진다. 심장 모양의 잎은 크고 끝이 날카롭다. 5~6월에 보라색 꽃이 피며, 꽃받침은 5조각으로 갈라지고 난형이다. 나무껍질을 '동피桐被', 잎을 '동엽桐葉', 종자 기름을 '동유桐油'라 하여 약용한다. 목재는 거문고·아쟁 등의 악기재로 쓰인다.

작가 노트 _ 오동나무! 멀리서 보아도 보라색의 꽃들이 삼각형을 이루듯 거대하게 서 있다. 낮은 듯 보여도 오동나무는 키가 크기 때문에 꽃이 손에 잘 닿지 않는다. 커다란 보라색의 종이 단단하게 매달려 있는 듯 보인다. 오동나무꽃을 보면 절로 기분이 좋아진다.

꽃차 만드는 법

memo
꽃받침을 떼어버린다.

만드는 법

1. 오동나무꽃은 표면에 단모가 있으므로 꽃 밑부분을 떼어 버리고 손질한다.
2. 수증기에 약 20~30초씩 2~3회 반복해서 찐다. 수증기에 쪄서 말려야 솜털 같은 단모를 없앨 수 있다.
3. 찐 꽃을 채반에 얇게 펴서 말린다.
4. 다 말린 꽃은 채반에서 한번 털어 남아 있는 솜털을 최대한 털어 낸 뒤 밀폐 용기에 담아 보관한다.

오동나무꽃차

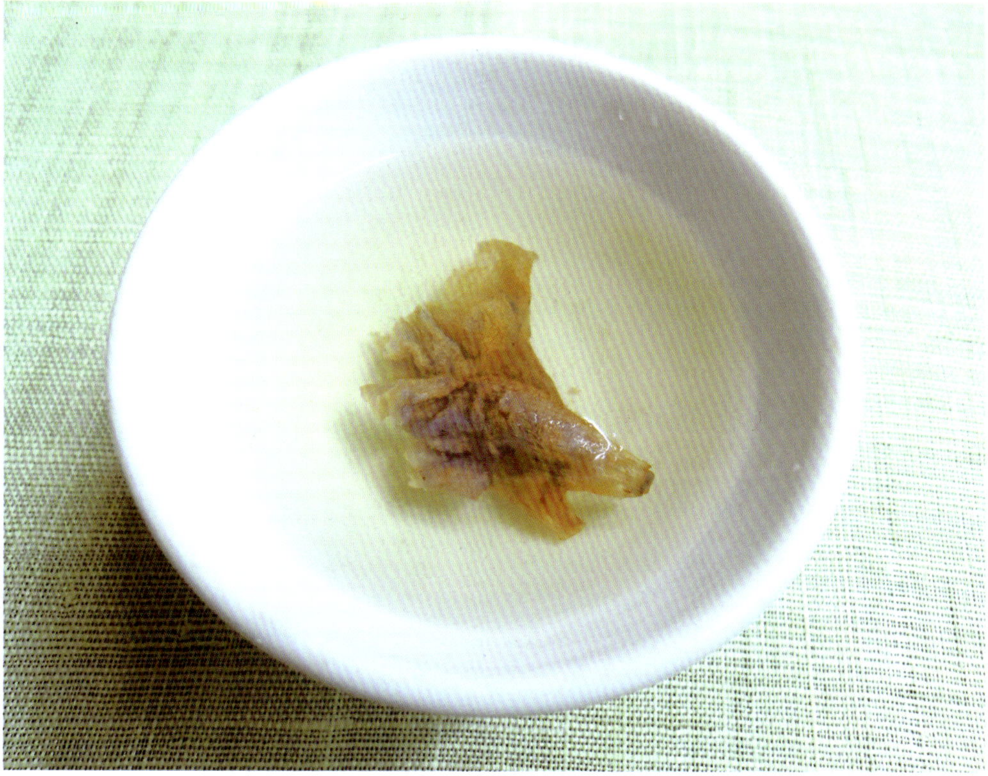

청열 해독 작용

꽃차 마시는 법

말린 꽃 2~3송이를 찻잔에 담고 끓는 물을 부어 우려내어 마시는데 솜털(꽃가루 등)이 있는 경우 첫물을 바로 버리고 두 번째부터 마신다.

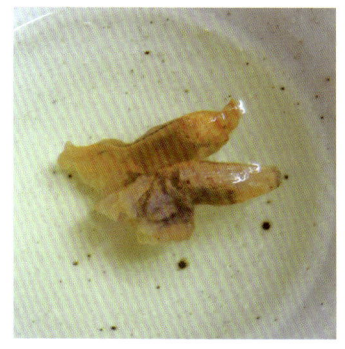

차의 맛과 효능

맛은 달고 향이 독특하여 여러 번 우려내어 마셔도 질리지 않는다.

음창 · 종창을 낫게 하고, 이뇨 및 구충 작용을 한다. 청열 해독 효과가 있다.

옥수수

기본 사항

학명 *Zea mays* L.

개화 여름

분포 전국에서 재배

약명 옥미수 玉米鬚

이용 옥수수차는 고혈압 및 피로를 개선한다. 옥수수 수염을 말려 차를 끓여 마시면 신장병·당뇨병 개선 효과가 있다.

남아메리카 북부의 안데스 산맥의 저지대나 멕시코가 원산지인 옥수수는 인류의 농경 역사와 같이한다. 옥수수의 꽃은 자웅동주로, 숫꽃인 숫이삭(개꼬리)은 줄기 끝에 달리며, 암꽃인 암이삭은 줄기 중간 마디에 달린다.

작가 노트 _ 아무도 알아주지 않지만 묵묵히 태양의 기운을 알맹이로 전달하여 맛있는 열매를 우리에게 선사해 주는 고마운 꽃이다. 수꽃은 옥수수대의 끝부분에서 피고, 우리가 먹는 옥수수 꽃은 암꽃이다. 남을 위해 희생하는 삶이 결국에는 자신을 위한 삶이 되는 것을 옥수수 꽃을 통해 배운다.

꽃차 만드는 법

만드는 법

1. 채취한 옥수수수염을 얇게 펴서 말린다.
2. 구수한 맛을 좋아한다면 번철에 살짝 덖어 낸다. 담백한 맛을 좋아한다면 수증기에 15~20초 내외로 쪄 준다.
3. 완전히 말린다.
4. 사용하기 좋게 짧게 잘라서 밀폐 용기에 담아 보관한다.

memo

구수한 맛은 덖어서. 담백한 맛은 쪄서.

옥수수수염차

담즙 분비 촉진

꽃차 마시는 법
말린 꽃을 1티스푼을 찻잔에 담고 끓는 물을 부어 여러 번 우려내어 마신다.

※ 옥수수 수염을 한 번 우려낼 양만큼 꼬아서 준비한다.

차의 맛과 효능
맛은 달고 성질은 평하다.

신우신염으로 몸이 부었을 때 좋다. 단백뇨를 부작용 없이 소실 및 경감 개선한다. 담즙 분비를 촉진시킨다. 혈압과 혈당을 내리고 구갈 해소에도 좋다.

옥잠화

기본 사항

학명 *Hosta plantaginea* (Lam.)

개화 8~10월

분포 전국의 산과 들판에 자생. 재배

약명 옥잠화玉簪花

이용 꽃·뿌리·줄기를 한약 재료로 이용한다. 꽃을 향수의 원료로 사용한다. 꽃 튀김을 해서 먹기도 한다.

백합과의 여러해살이풀로, 키는 40~50㎝ 정도로 자란다. 9월에 통 모양의 긴 흰색 꽃이 길게 나온 꽃대 끝에 여러 개가 피는데 저녁 때 향을 뿜어낸다. 봄에 돋아나는 어린순을 나물로 먹고, 꽃·뿌리·줄기를 약용한다. 꽃은 약성이 서늘하여 인후염이나 열이 있어 소변이 원활하지 못할 때 쓰고, 잎은 종기와 뱀에 물린 데 짓찧어 붙이며, 뿌리는 림프절염 등에 쓰인다. '산옥잠화'라고도 하는 비비추는 보라색을 띠고, 5~6월에 핀다.

작가 노트 _ 가을의 길목에서 하얀 목을 길게 늘어 빼고 서 있는 꽃이다. 저녁밥 짓는 연기가 굴뚝을 타고 오를 때쯤 옥잠화의 향기가 퍼지기 시작한다. 산사 주변에서 많이 볼 수 있는 꽃이다.

꽃차 만드는 법

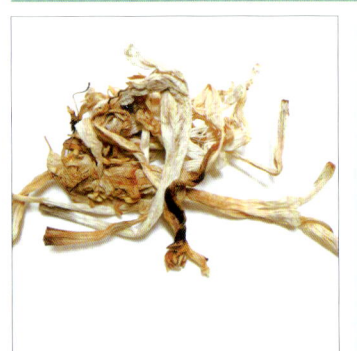

memo
아침이슬 묻었을 때 채취한다.

만드는 법

1. 옥잠화를 채취하여 깨끗이 손질한다.
2. 손질한 꽃을 설탕에 먼저 재운 뒤 꽃이 잠길 정도로 꿀을 붓는다. 보름 정도 지나면 먹을 수 있다.
3. 완전히 마른 꽃을 밀폐 용기에 담아 보관한다.

옥잠화차

인후염 개선

꽃차 마시는 법

말린 꽃 1개를 찻잔에 담고 끓는 물을 부어 1분간 우려내어 마신다. 향이 강하다고 생각될 때는 끓는 물을 부어 한 번 따라버리고 두 번째 물을 90℃로 식혀 부어서 1분간 우려내어 마신다.

차의 맛과 효능

맛은 달고 성질은 서늘하다. 단맛과 부드러움이 입안을 가득 채운다.

소변 불통에 효과 있으며, 약성이 서늘해서 인후염에 쓴다.

옻나무

기본 사항

학명 *Rhus verniciflua* Stokes
개화 5~6월
분포 전국의 논둑, 밭둑, 산기슭
약명 칠칠
이용 옻은 소변을 잘 나오게 하고 몸을 따뜻하게 하며 피를 맑게 하는 효과가 있다.

옻나무과의 낙엽교목으로, 키는 20m 정도로 자란다. 나무가 어릴 때는 껍질이 회백색이고 매끄럽지만 성장하면서 세로로 갈라진다. 5~6월에 황록색의 작은 꽃이 모여서 피고 11월에 열매가 익는다. 옻나무에서 추출한 옻은 방부·방충 효과가 뛰어나 전통 도료로 쓰이며, 소화를 돕고 어혈과 염증을 풀어 주며 피를 맑게 하고 균을 죽이는 약재로 이용된다. 하지만 옻에 약한 사람이 함부로 먹거나 손을 대면 옻독으로 고생할 수 있다. 민간에서는 옻나무를 가지와 껍질을 말려 옻닭 요리를 해 먹는다.

작가 노트 _ 꽃도 아니면서 붉은 가지가 인상적이다. 빨간 가지와 초록 잎사귀, 연녹색의 꽃이 조화를 이룬다. 나무나 꽃의 효과가 좋지만 독성과 알레르기를 유발하므로 신중하게 써야 한다.

꽃차 만드는 법

만드는 법

1. 옻나무꽃을 따서 그늘에서 말린다.
2. 약 70%가량 말랐을 때 살짝 찐다.
3. 프라이팬에 살짝 덖는다.
4. 식혀서 밀폐 용기에 보관한다.

memo
꽃을 찔 때 수증기가 눈에 들어가지 않도록 주의한다.

옻나무꽃차

적체 치료

꽃차 마시는 법

말린 꽃 1~2송이를 찻잔에 담고 끓는 물을 부어 1분간 우려내
어 마신다.

차의 맛과 효능

맛은 맵고 쓰며 성질은 따뜻하다. 약간의 독이 있다. 생리 불
순, 신경통, 마비 증상, 위에 음식물이 적체되어 있을 때 효과
가 있다.

※ 식용이지만 독성이 있으므로 알레르기 환자나 임신부는 사용을 제
　한한다.

왜당귀

기본 사항

학명 *Angelica acutiloba*

개화 7~8월

분포 전국에서 재배

약명 왜당귀倭當歸

이용 차의 재료는 기본이고 장아찌, 술, 족욕제, 입욕제에 이르기까지 용도가 매우 다양하다. 빈혈 치료에 효과가 큰 약재로, 비타민 B12와 엽산 함량이 높다.

미나릿과의 여러해살이풀로 키는 60~90㎝ 내외이고 줄기는 검붉은색이다. 7~8월에 순백색 꽃이 피는데, '생약의 안개꽃'이라 불리기도 한다. 9~10월에 편평하고 긴 타원형의 열매가 익는데 가장자리에 좁은 날개가 있다. 일본에서는 이것을 '당귀當歸'라고 부르며, 우리나라에서는 참당귀와 구분하여 '왜당귀'라고 한다. 한방에서 복통·종기·타박상·부인병에 이용한다. 한국에서도 같은 목적의 한약재로 재배한다. 우리나라 중남부 지역에서 주로 재배한다.

작가 노트 _ 울 어머니 가슴속에 살며시 꽃이 들어앉았았네. 향이 좋아 쫓아갔더니 어머니의 가슴이었네.

꽃차 만드는 법

memo

향이 강하므로 살짝 쪄 주는 것이 중요

만드는 법

1. 꽃송이를 하나씩 떼어 손질한다.
2. 찜기에 면보를 깔고 물을 끓여 꽃을 올린 뒤 수증기로 30초~1분간 쪄서 재빨리 식혀 그늘에서 말린다.(장마철에는 곰팡이가 필 수 있으므로 전자레인지 해동 모드로 30~40초간 돌린다.)
3. 완전히 마른 꽃을 밀폐 용기에 담아 냉동 보관한다.

잎차 만드는 법

연한 왜당귀 잎을 손질하여 솥이나 밑이 두꺼운 프라이팬에서 여러 번 덖는다. 완성된 차는 밀폐 용기에 담아 보관한다.

왜당귀꽃차

빈혈 개선

꽃차 마시는 법

말린 꽃 1스푼을 찻잔에 담고 끓는 물을 부어 1분간 우려내어
마신다.

차의 맛과 효능

맛이 달고 향기가 매우 강하다.

진통·배농排膿·지혈·강장 작용을 한다. 빈혈을 개선하는
효과가 커서 여성에게 특히 좋다.

원추리

기본 사항

학명 *Hemerocallis fulva* L.

개화 7~8월

분포 전국의 양지바른 산기슭과 들판

약명 훤초萱草

이용 중국요리에서 꽃을 사용하며, 뿌리를 이뇨·지혈·소염제로 쓴다. 우리나라에서도 원추리꽃밥을 만들어 먹었다. 심신을 달래고 안정시켜 주며 숙면을 도와 긴장을 풀어 준다. 이뇨 작용이 좋고 소화를 잘되게 한다.

우리나라가 원산지인 백합과의 여러해살이풀로, 키는 1m 내외이고 7~8월에 등황색 꽃이 핀다. 끈 모양의 뿌리가 한데 모여 나는데, 뿌리 끝에 알뿌리가 달려 있다. 뿌리는 한약재료 쓰고, 봄에 돋아나는 어린순을 나물로 먹으며, 여름에 피는 꽃을 따다 살짝 쩌서 말린다. 일반 원추리에 비해 왕원추리의 꽃은 겹꽃이며, 오렌지빛이 더 선명하다. 각시원추리·노랑원추리·섬원추리, 왕원추리·골잎원추리·애기원추리 등도 같은 용도로 쓴다.

작가 노트 _ 한여름 장마가 물러간 뒤 길게 목을 빼어 등황색으로 피어나는 꽃이다. 뜨거운 태양과 맞서서 당당하게 버티고 있는 모습이 대견스럽다. 별명은 '망우초忘憂草' 즉 '근심을 잊게 하는 풀'. 선조들은 원추리꽃으로 차를 끓여 마시며 우울한 마음을 다스렸다고 한다.

꽃차 만드는 법

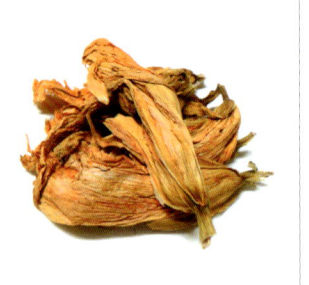

memo

꽃잎을 분리해서 말리면 좋다.

원추리꽃차 만드는 법

1. 꽃을 송이째 채취하여 꽃잎을 한 장씩 떼어 낸다. 장마철인 데다 꽃이 크고 두터우므로 심 부분을 쪼개는 것이 좋다.
2. 손질한 꽃을 선풍기 바람을 쏘이거나 바람이 잘 통하는 그늘에서 말린다.
3. 마른 꽃을 수증기에 20초씩 총 3회 찐 뒤 다시 말린다.
4. 완전히 마른 꽃을 밀폐 용기에 담아 냉동 보관한다.

※ 꽃잎을 1% 농도의 소금물에 살짝 씻어서 찜통에서 30초 정도 김을 쐬어 말리면 색과 향이 유지되며 꽃잎이 썩지 않는다.

원추리꽃차

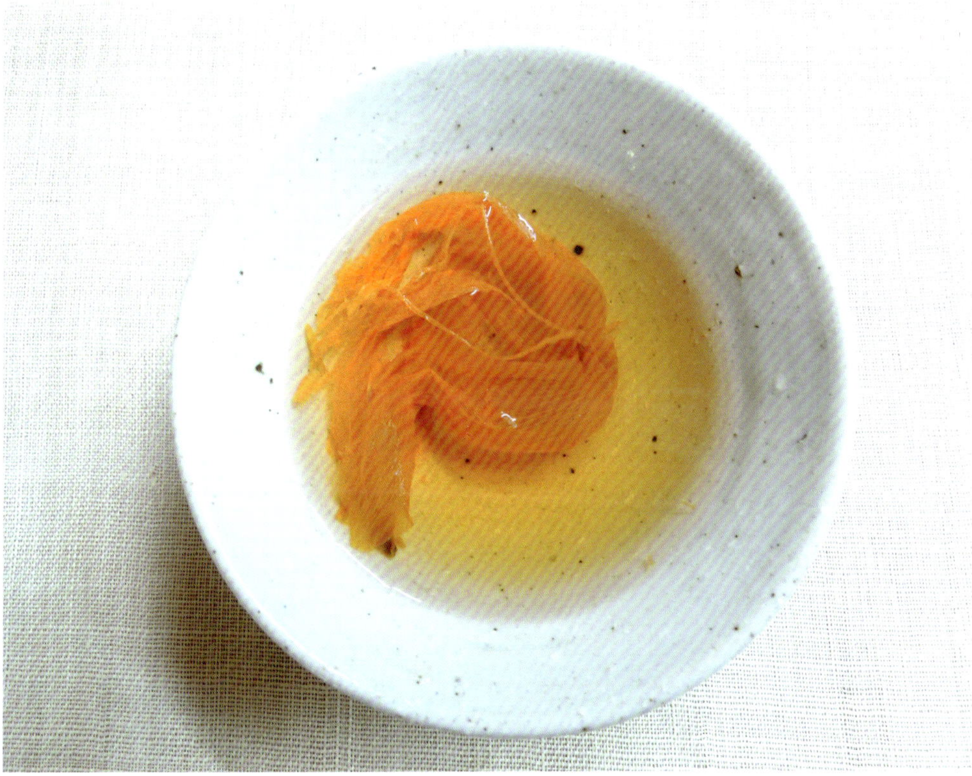

이뇨 작용
소화 기능 개선

꽃차 마시는 법

말린 꽃 3~4장을 찻잔에 담고 끓는 물을 부어 1분간 우려내어 마신다.

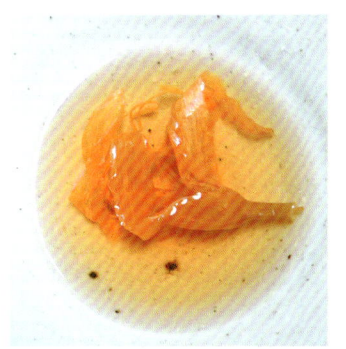

차의 맛과 효능

맛이 달고 성질은 차다.
이뇨 작용과 소화 작용이 좋다. 신진대사 촉진, 혈액순환 개선, 소화 기능 향상 및 눈을 밝게 해 주는 특징이 있다.

유채

십자화과의 한해살이 또는 두해살이풀로 키는 1m 내외이며, 3~4월에 진노랑색 꽃이 줄기 끝에서 핀다. 종자는 원숙하면 벌어져 흑갈색의 종자가 나오는데 이를 '운대자蕓薹子'라고 한다.

　지중해가 원산지인 채소로, 우리나라에서 1960년대 초에 유료 작물油料作物로 본격적인 재배를 시작한 뒤 제주도의 명물이 되었다. 이른 봄에 연한순으로 김치를 담그거나 나물로 먹고, 꽃은 밀원식물로 이용하며, 씨앗에서 기름을 짠다.

작가 노트 _ 유채꽃은 봄을 가장 먼저 보여 주는 꽃이다. 무리 지어 피는 모습은 꽃샘추위를 잊게 한다. 유채꽃 필 때마다 꽃 속에서 시름을 잊고 봄처녀가 된다.

꽃차 만드는 법

memo

번철에 가볍게 덖는 것이 핵심

만드는 법

1. 유채꽃을 채취하여 작은 꽃송이로 나누어 손질한다.
2. 수분이 많기 때문에 수증기에 찌는 것은 피하는 것이 좋다.
3. 채반에 얇게 펴서 말린다.
4. 말린 꽃은 번철에 살짝 덖어 낸다.
5. 완전히 마른 꽃을 밀폐 용기에 담아 보관한다.

※ 유채꽃차를 만드는 과정은 냄새가 좋지 않지만 완성된 차는 담백 하고 구수하다. 과정도 중요하지만 결과도 중요하다는 것을 알게 해 주는 차이다.

유채꽃차

소화 촉진
소종 작용

꽃차 마시는 법

말린 꽃 1티스푼을 찻잔에 담아 끓는 물을 부어 우려내어 마신
다.

차의 맛과 효능

맛이 맵고 달며 성질이 서늘하다.

단맛이 침샘을 자극하여 소화를 돕고 입안을 시원하게 한다.

산혈散血 · 소종消腫 작용을 한다.

으름덩굴

기본 사항

학명 *Akebia guinata* Decne.

개화 4~5월

분포 황해도 이남 지역의 계곡 근처

약명 목통木通(덩굴), 예지자預智子 (열매)

이용 한방에서 줄기를 이뇨·소염· 진정·통경 작용을 하는 약재로 쓴다. 신장염으로 인한 부종, 임산부의 부종 에 덩굴을 달여서 복용한다. 꽃을 말 려 향낭을 만들어 소지한다.

으름덩굴과의 낙엽 덩굴식물로, 5m 정도로 자라며, 갈색 가지는 털이 없다. 꽃은 암수한그루로서 4~5월에 자줏빛을 띤 갈색으로 핀다. 수꽃에는 5개의 수술이 달려 있으며 암꽃은 흔적만 있다. '으름'이라 불리는 열매는 바나나처럼 여러 개가 모여 달리며 9~10월에 익어 저절로 벌어진다. 쫙 벌어져 흰 속살을 드러내는 모습이 마치 여성의 음부 같다고 하여 '임하부인林下婦人'이라고도 부른다. 덩굴을 바구니 재료로 활용한다.

작가 노트 _ 주렁주렁 달리는 꽃망울을 보면 내 마음도 함께 달려 있는 듯하다. 향기는 어느 향보다도 은은하며 멀리 퍼진다. 가장 이른 봄에 싹을 틔우고 가장 늦게 잎을 거두는 대기만성형. 거기에다 화려한 꽃과 향의 잔치를 펼쳐 주고 찬바람 불 때 풍요로운 열매를 주는 매력 만점의 꽃이다.

꽃차 만드는 법

memo

재빨리 찌는 것이 중요

만드는 법

1. 꽃을 따서 잡티 없이 손질한다.
2. 긴 자루를 떼고 손질하는데, 많이 핀 것은 꽃잎이 부스러지 므로 막 개화한 것이 좋다.
3. 수증기에 찌는 것은 피하고 채반에 얇게 펴서 말린다.
4. 말린 다음 수증기에 찌더라도 10초 내외로 짧게 1회만 한다.
5. 다 마르면 밀폐 용기에 담아 보관한다.

으름덩굴꽃차

진정 작용
통경 작용

꽃차 마시는 법

말린 꽃 1티스푼을 찻잔에 담고 끓는 물을 부어 여러 번 우려 내어 마신다.

차의 맛과 효능

맛은 쓰고 성질은 차다. 이뇨 작용을 한다.

※ 으름꽃차를 햇것보다는 차를 만들어 자연 숙성시켜 마시면 처음 가지고 있던 향이 나온다. 햇차에서는 으름 향이 숨어서 찾아보기 힘들지만 숙성 기간이 지나면 숨었던 향이 다시 나오기 때문에 반드시 1년의 숙성 기간을 가지고 사용하는 것이 좋다. 단, 숙성 기간 중에 곰팡이나 색이 변하는 것을 막기 위해서 한지로 싸서 통풍이 잘되는 곳에 보관한다.

은행나무

기본 사항

학명 *Ginkgo biloba* L.

개화 4월

분포 전국의 사찰, 인가 근처

약용 은행銀杏(열매), 은행엽銀杏葉 (잎)

이용 나뭇잎이 누렇게 물들기 시작할 때 채취하여 햇볕에 말려 약으로 쓴다. 동맥경화·고혈압·협심증·기침·천식·간염·설사·대하증 등을 개선한다. 열매는 불에 구워 식용하는데 과식하면 설사를 한다.

소철과의 낙엽교목으로, 오래된 사찰이나 향교에 자라며 키는 10m 내외지만 50m 이상 되는 것도 있다. 4월에 백녹색 꽃이 잎과 함께 피고, 10월에 황열매가 누렇게 익는다. 은행나무는 암수 구분이 있으며, 수나무에서 꽃가루가 날아와야 열매를 맺는다. 열매인 '은행銀杏'은 '은빛 살구'라는 의미로, 모양이 살구를 닮아서 붙여졌다고 한다.

작가 노트 _ 연녹색의 나뭇잎 사이로 보일 듯 말 듯 곱게 피어나는 꽃이다. 은행나무에도 꽃이 있나 하고 의아해하는 분도 많다. 은행나무꽃은 은은하게 타래를 지어 피어 있다. 무르익어 가는 봄날, 손톱만큼 삐져나온 잎 사이로 살랑이는 꽃이 신기하기만 하다. 꽃이 만개하면 노란 꽃가루를 날린다.

꽃차 만드는 법

memo
팬에 덖어야 구수한 맛이 난다.

만드는 법

1. 개화 직전의 은행나무 암꽃을 채취하여 깨끗이 손질한다.
2. 손질한 꽃을 얇게 펴서 그늘에 말린 뒤 프라이팬에 살짝 덖는다.
3. 완전히 마른 꽃을 밀폐 용기에 담아 보관한다.

※ 은행나무 수꽃은 크기가 작아서 채취하기 힘들다. 암꽃은 마르면서 남은 수분으로 꽃이 피는 경우가 있으므로 꽃가루를 잘 털어 내고 사용해야 한다. 꽃가루가 남아 있으면 찻물이 깨끗하지 않기 때문이다. 은행나뭇잎과 섞어서 이용하면 더욱 좋다.

은행나무꽃차

말초신경 순환 작용

꽃차 마시는 법
말린 꽃 7~10개를 찻잔에 담고 끓는 물을 부어 우러내어 마신
다.

차의 맛과 효능
단맛과 감칠맛이 강하게 느껴진다.
말초신경의 순환을 돕는다.

익모초

기본 사항

학명 *Leonurus sibiricus* L.

개화 7~8월

분포 전국의 들판

약명 익모초益母草

이용 익모초는 생리를 조절하고 어혈을 제거하며 자궁을 수축시키는 효과가 좋아서 월경이 없거나 입맛이 없을 때 처방한다. 단, 임신부는 복용을 금한다. 쓴맛이 너무 강해 환으로 만들어 이용한다.

꿀풀과의 두해살이풀로, 키는 1~1.5m 내외로 자라며 줄기는 네모나고 잎은 마주난다. 7~8월에 치맛살처럼 펼쳐진 잎사귀 사이에 홍자색 꽃이 피고, 달걀 모양의 작은 견과가 9~10월에 익는다. 꽃 핀 포기 전체를 말려서 산후 복통 약으로 쓴다. 농축액을 '익모초고益母草膏'라고 하는데, 혈압 강하·이뇨·진정·진통 작용이 있다.

작가 노트 _ 추석이 가까워지면 논이나 밭두렁가에서 보랏빛으로 피어난다. 마치 층층이치마 빗살을 만들어 놓은 듯 그 사이에서 자그마하게 꽃이 핀다. '익모초' 하면 모두들 많이 쓰다는 기억만이 있을 것이다. 익모초꽃은 잎이나 전초보다는 쓴맛이 덜하고 단맛이 더해지는 이점이 있다. 쓴맛을 견디기 힘든 사람은 꽃으로 이용하는 것도 좋을 듯싶다.

꽃차 만드는 법

만드는 법

1. 익모초 전초를 채취하여 꽃을 뽑아 깨끗이 손질한다.
2. 손질한 꽃을 그늘에서 말린다. 5일 정도면 다 마른다.
3. 완전히 마른 꽃을 밀폐 용기에 담아 보관한다.

잎차 만드는 법

깨끗이 손질한 익모초 잎을 찜기에 넣어 1분간 찐 뒤 얇게 펴서 그늘에 말리면서 살짝 비벼 준다. 완전히 마른 잎차를 밀폐 용기에 담아 보관한다.

memo

덖으면 쓴맛이 나오고 찌면 단맛이 나온다.

익모초꽃차

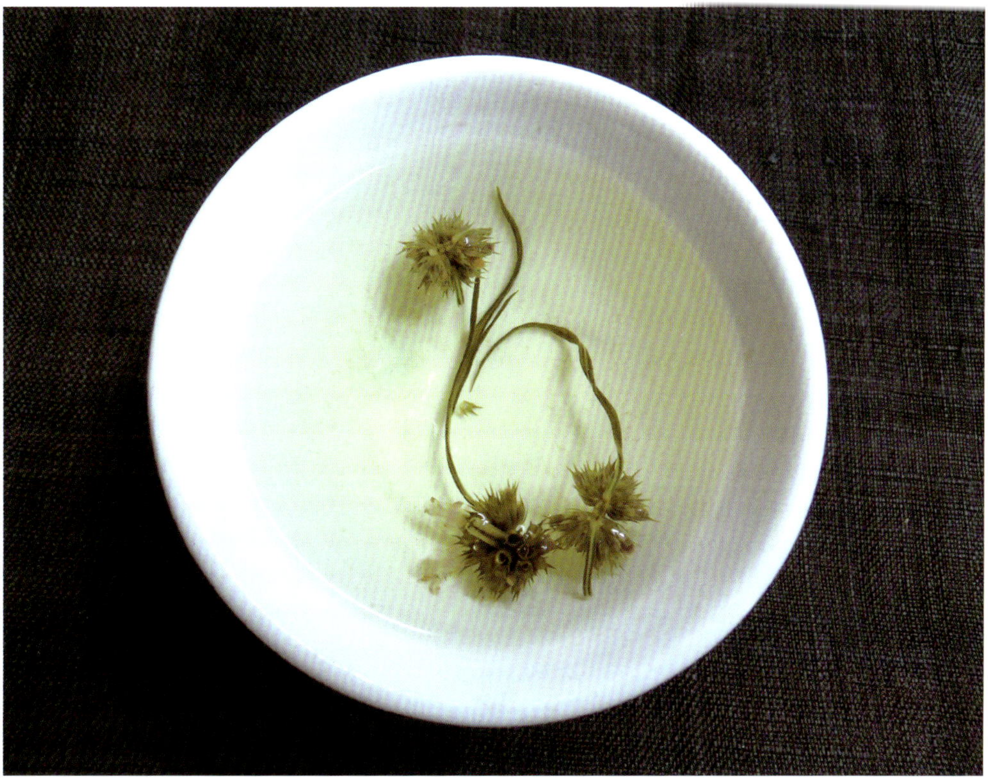

어혈 제거
통경 작용

꽃차 마시는 법

말린 꽃 1/2스푼을 거름망이 있는 찻잔에 담고 끓는 물을 부어 1분간 우려내어 마신다.

잎차는 1/2티스푼을 찻잔에 담고 끓는 물을 부어 1분간 우려내어 마신다.

차의 맛과 효능

맛은 맵고 쓰며 성질은 차다. 꽃은 단맛이 있어 입맛이 없을 때 식욕을 북돋운다.

이뇨 · 해독 작용이 있다. 어혈을 풀어 주며, 통경 작용을 한다.

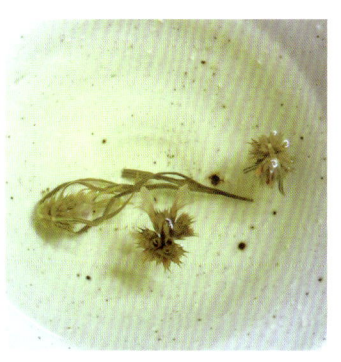

인동덩굴

기본 사항	
학명	*Lonicera japonica* Th.
개화	5~6월
분포	우리나라 전역의 산지, 들판
약명	금은화金銀花
이용	꽃은 청열해독請熱解毒, 초기 발열, 이뇨 등에 좋다. 향신료나 향수로 개발하는 중에 있다.

인동과의 덩굴성 반상록관목으로, 겨울을 이겨 낸다는 의미에서 '인동忍冬'이라고 한다. 어린 나무의 줄기는 적갈색이지만 묵을수록 황갈색으로 되며 껍질이 세로로 얇고 길게 벗겨져 너덜거린다. 꽃은 5월에 피는데 쌍으로 피어 '쌍화雙花', 흰색으로 피어 노란색으로 지므로 '금은화金銀花'라고 한다. 9~10월에 지름이 7~8㎜ 정도의 둥근 열매가 검게 익는다. 어린순과 꽃을 식용하거나 약용한다.

작가 노트 _ 피어날 때는 눈부신 하얀색이었다가 하룻밤 자고 나면 노랗게 변하는 꽃. 바람이 살며시 불면 향기가 온몸을 감싸고 코끝을 자극하면서 이내 머리가 맑아지는 것을 느낀다. 예부터 두통과 감기를 낫게 하며 머리와 위장을 맑게 하는 작용으로 인정받아 왔다.

꽃차 만드는 법

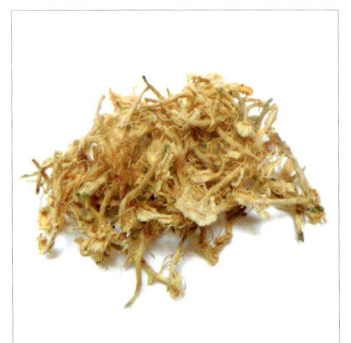

memo
꿀에 재우면 꽃향기가 그대로 보존된다.

만드는 법

1. 꽃을 채취하여 깨끗이 손질한다.
2. 손질한 꽃을 그늘에 말려 전자레인지에 넣어 해동 모드로 약 2~4분간 2회 돌린다.
3. 완전히 마른 꽃을 밀폐 용기에 담아 보관한다.

다른 방법

깨끗이 손질한 꽃을 용기에 넣고 꿀을 넣어 겹겹이 재워 숙성시킨다. 보름 정도 지나면 이용할 수 있다. 냉장하거나 냉동 보관한다.

인동덩굴꽃차

청열해독 작용

꽃차 마시는 법

말린 꽃 3~5송이를 찻잔에 담고 끓는 물을 부어 1분간 우려내어 마신다.

차의 맛과 효능

향이 진하므로 적은 양으로도 만족할 수 있다. 두통과 감기를 낫게 하며 머리와 위장을 맑게 해 주는 작용이 있다.

※ 국화와 함께 쌍화차의 주재료이다. 금은화를 '쌍화'라고도 하지만 쌍화차는 꽃이 두 종류라서 '쌍화차'라고 한다.

잇꽃[홍화]

기본 사항

학명 *Carthamus tinctorius* L.

개화 7~8월

분포 남부 지방에서 재배

약명 홍화紅花

이용 홍화유를 식용·외용한다. 천연 염료로도 사용된다. 물에 녹지 않는 홍색 색소인 카르타민Carthamin과 물에 녹는 황색 색소인 샤프로옐로Safloryellow 성분이 들어 있다. 여성의 통경제로 효험이 있고 혈관 확장 작용을 하며 부인병에 효과가 있다.

국화과의 한해살이풀로 키가 1m 내외다. 잎은 어긋나며 가시처럼 뾰족한 톱니가 나 있다. 꽃은 처음에는 노란색을 띠다가 차츰 붉은색으로 변한다. 7~8월에 피는데 줄기 끝에 하나씩 피며, 꽃을 둘러싼 밑받침에 가시처럼 뾰족한 톱니가 나 있다. 꽃송이 말린 것을 '홍화紅花'라고 한다.

작가 노트 _ 더운 여름날 붉게 물든 잇꽃은 그 열기를 몇 배 더하는 것 같다. 정열과 사랑이 넘쳐나지만 그 뒤에는 아픈 가시가 있다는 것을 알아야 한다.

꽃차 만드는 법

memo
꽃봉오리는 뒤트임이 필수

만드는 법

1. 잇꽃을 채취하여 깨끗이 손질한다.
2. 꽃잎만 분리하여 일주일 정도 그늘에서 말린다.
3. 완전히 마른 꽃을 밀폐 용기에 담아 보관한다.

※ 꽃봉오리를 쓸 때는 수증기에 40초씩 2회 찐 뒤에 말린다.

다른 방법

깨끗이 손질한 잇꽃을 설탕이나 꿀에 재워 숙성시킨다. 보름 정도 지나면 먹을 수 있다.

잇꽃차[홍화차]

통경 작용

꽃차 마시는 법

말린 꽃 1송이를 찻잔에 담고 끓는 물을 부어 우려내어 마신
다.

말린 꽃 1티스푼을 찻잔에 담고 끓는 물을 부어 첫잔은 바로
따라 버리고 두 번째 잔부터 마신다.

차의 맛과 효능

코끝에서는 매운맛이 느껴지지만 입 안에서는 달고 따뜻하며
담백하다. 여러 번 우려도 찻물이 잘 우러나온다. 어혈을 풀어
주며, 통경제로 이용한다.

자귀나무

기본 사항

학명 *Albizia julibrissin* Durazz

개화 6~7월

분포 전국의 산과 들, 인가 근처

약명 합환화合歡花, 합환피合歡皮

이용 나무껍질을 약으로 쓴다. 요즘의 합환주는 전통 방식은 아니지만 같은 재료를 쓰는 가양주로 사랑받고 있다.

콩과의 낙엽소교목으로, 키는 3~5m 내외이고, 칼 모양의 작은 잎은 어긋나며 해가 지면 펼쳐진 잎이 마주보며 접힌다[슴]. 6~7월에 홍자색 꽃이 피는데 깃털 같은 수술이 길게 나온다. 9~10월에 콩깍지를 닮은 열매가 초록색에서 갈색으로 익는데, 안에는 5~6개의 종자가 들어 있다. 나무껍질을 '합환피合歡皮', 꽃을 '합환화合歡花'라 하여 한방과 민간에서 약으로 쓴다. 분홍 깃털 같은 꽃이 화려하므로 충청도 지방에서는 '공작화'라 하고, 전라도 지방에서는 '짜구대나무'라고 한다.

작가 노트 _ 자귀나무꽃은 예부터 불면증이나 심신이 불안할 때 처방해 왔다. 신혼 첫날밤 합환피로 빚은 합환주를 마시고 첫날밤을 지냈다. 심장 보호 효과도 있어 신경 과민으로 생기는 우울증이나 심신 불안, 건망증 등에 쓰이고, 신경성 소화불량과 식욕부진에도 효과가 있다.

꽃차 만드는 법

<u>memo</u>

<u>꽃봉오리와 핀 꽃을 분리하여 만든다.</u>

만드는 법

1. 꽃을 깨끗이 손질하여 그늘에서 3일, 나머지는 햇빛에서 단시간 말린다.
2. 완전히 마른 꽃을 밀폐 용기에 담아 보관한다.

합환피주 만드는 법

가을철 자귀나무 껍질을 채취하여 손질한 뒤 소주를 넣고 밀봉하여 6개월 이상 숙성시킨다. 공복에 소주잔으로 1잔씩 마신다. 기분이 우울할 때나 잠이 오지 않을 때 마시면 효과를 볼 수 있다.

자귀나무꽃차

강장 작용
숙면 작용

꽃차 마시는 법
말린 꽃 5~6송이를 찻잔에 담고 끓는 물을 부어 1분간 우려내
어 마신다.

차의 맛과 효능
향기에 비해 맛이 부드러운 편은 아니지만 사랑의 감정을 불
러일으키는 효과가 있다. 강장 · 흥분 · 진정 · 최면 · 숙면 효
과가 있다.

자주괴불주머니

기본 사항

학명 *Corydalis incisa* Pers.

개화 4~5월

분포 전국의 산기슭과 들판의 습기가 많은 양지나 반그늘

약명 자근초紫菫草, 단장초斷腸草

이용 꽃이 필 때 전초를 말려 살균·해독약으로 쓴다.

현호색과의 두해살이풀로, 뿌리 끝에서 줄기가 여러 대 나와서 20~50㎝까지 자란다. 겨울에는 동면으로 지상부로 나와 있는 잎들이 적자주색을 띠지만, 3~4월이 되면 녹색으로 변하고 키가 30~40㎝로 자란다. 꽃이 한 가지에 줄줄이 달려 마치 보라색의 물고기 등불을 켜 놓은 것 같다 하여 '자화어등초紫花魚燈草'라고 부른다. 꽃이 진 뒤 1.5㎝ 정도의 길이에 꼬투리처럼 생긴 열매를 맺는다. 뿌리를 포함한 전초를 꽃이 필 때 채취하여 햇볕에 말려 살균·해독약으로 쓴다.

작가 노트 _ 봄바람 차가운 날 햇살만 있다면 기지개 펴듯 자색의 등을 켠다. 날씨가 조금 춥다 싶으면 잔뜩 웅크리고 있다. 밭이랑 사이에 도란도란 이야기하며 아지랑이 벗삼아 나올 때 등불 하나 찻잔에 띄워 마셔 보면 어떨까?

꽃차 만드는 법

memo

잔여 수분을 덖어서 없앤다.

만드는 법

1. 자주괴불주머니꽃은 아랫부분부터 피기 시작하여 위로 올라가므로 1/3쯤 피었을 때 따는 것이 좋다.
2. 물고기의 치어 모습이 신멍알 때 따서 하나씩 베어 내어 말린다.
3. 꽃잎이 얇기 때문에 쉽게 마른다.
4. 프라이팬에 살짝 덖어 나머지 수분을 없앤다.
5. 밀폐 용기에 담아 보관하고 소량씩 덜어 사용한다.

자주괴불주머니꽃차

살충 작용
해독 작용

꽃차 마시는 법

말린 꽃 7~10개를 찻잔에 담고 끓는 물을 부어 한 번 따라 버리고 두 번째부터 바로바로 우려내어 마신다.

차의 맛과 효능

맛은 쓰고 차며, 소량의 독이 있다. 알카로이드 성분이 들어 있다. 살충·해독 작용을 하며 무릎동통을 개선한다.

자주괴불주머니 꽃차는 많이 마시는 차가 아니라 분위기에 따라 3~4잔 마시는 차로 생각하면 좋다.

작약

기본 사항

학명 *Paeonia lactiflora*

개화 5~6월

분포 중부 이북 지방의 낮은 산지, 전국에서 재배

약명 작약芍藥

이용 뿌리를 진통 · 복통 · 월경통 · 무월경 · 토혈 · 빈혈 · 타박상 등에 약용한다.

미나리아재비과의 여러해살이풀로, 관상용 · 약용으로 재배해 온 역사가 중국 진秦 시대까지 올라간다. 5~6월에 흰색 · 분홍색 · 적자주색 등의 꽃이 줄기 끝에 1개가 피는데 재배한 것은 지름이 10㎝ 정도나 된다. 꽃잎은 10~12개이고 수술은 노랗고 풍성하여 꽃이 크고 화려하다. 한방에서 뿌리인 작약芍藥을 진통 · 복통 · 월경통 · 무월경 · 토혈 · 빈혈 · 타박상 등에 약용한다.

작가 노트 _ 보기만 해도 풍요로움이 느껴지는 꽃. 특히 겹작약은 풍물패의 고깔 장식을 연상시킨다. 색색의 작약꽃으로 꽃바구니를 만들면 탐스럽고 아름답기가 그지없다. 꽃가루가 많아서 향기도 그윽하다.

꽃차 만드는 법

memo

반드시 수증기에 찐다.

만드는 법 – 홑작약

1. 개화한 꽃을 손질한다. 꽃수술에 꽃가루가 많으므로 말린 뒤에 반드시 수증기에 찐다.
2. 수증기에 찐 뒤 솦에 붙어 있는 꽃가루를 털어 낸다.
3. 완전히 마른 꽃은 밀폐 용기에 담아 보관한다.

만드는 법 – 겹작약

1. 겹작약은 꽃잎을 분리해서 수증기에 20~30초간 찐다.
2. 채반에 얇게 펴서 말린 뒤 밀폐 용기에 담아 보관한다.

작약꽃차

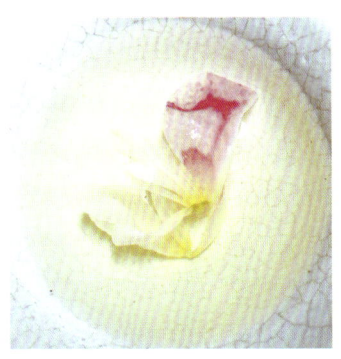

보혈 효과

꽃차 마시는 법

홑작약은 말린 꽃 1송이를 잔에 담고 끓는 물을 부어 첫물을 버리고 두 번째부터 마신다. 첫물은 꽃가루가 남아 있어 깨끗하지 않으므로 버린다.

겹작약은 꽃잎 1개를 찻잔에 담고 끓는 물을 부어 우려내어 마신다.

차의 맛과 효능

맛은 쓰고 성질은 차다. 페놀 · 정유 · 타닌이 들어 있다. 생리불순, 습관성 변비, 부인과 질환, 간 질환 등에 약으로 쓰인다. 진통 · 당뇨의 혈당 강하 반응 · 보혈 효과가 있다.

장미

기본 사항

학명 Rose, Rosa

개화 5~9월

분포 전국

약명 장미薔薇

이용 꽃샐러드용으로 좋다. 향기가
마음을 편안하게 한다.

장미는 관목성의 장미류를 총칭하는 말로, 전세계적으로 교배가 이루어진 원예종이다[Rosa hybrida Hort.]. 색과 형태가 아름답고 향기가 좋아 그리스·로마 시대부터 관상용·향료용으로 재배해 왔는데 고대 의학자들도 장미를 이용한 생약을 만들었다고 전해진다. 꽃의 피는 시기와 기간이 품종에 따라 차이가 있는데, 우리나라에서는 5~9월에 핀다. 마주나는 겹잎은 깃털 모양이며 줄기에는 가시가 있다.

작가 노트 _ 여름에는 장미가 많이 핀다. 그중에서도 줄을 타고 빨갛게 피어나는 줄장미는 꽤나 화려하고 향기도 짙다. 예쁜 꽃만큼이나 효과도 좋고 색깔과 향기가 뛰어나 꽃차로 손색이 없다. 장미 꽃잎을 말려 베갯속으로 쓰면 노화를 늦출 수 있다고 한다.

꽃차 만드는 법

memo
거꾸로 매달아 열을 분산시킨다.

만드는 법

1. 꽃송이를 깨끗이 손질한다.
2. 꽃을 거꾸로 매달거나 엎어 놓아서 열을 분산시킨다.
3. 수증기에 약 20초씩 총 3회 찐다.
4. 찐 꽃을 잘 말린다.
5. 완전히 마른 꽃을 밀폐 용기에 담아 보관한다.

장미꽃차

항산화 작용
이질 · 설사 예방

꽃차 마시는 법

말린 꽃 1송이를 잔에 담고 끓는 물을 부어 1분간 우러내어 마신다.

차의 맛과 효능

맛은 시고 달콤하다.

비타민 C 가 풍부하게 들어 있어 항산화 작용을 한다.

장미꽃은 여름에 열독으로 인한 토혈 · 갈증 · 이질 · 설사에 효과가 있다.

접시꽃

기본 사항

학명 *Althaea rosea* Cav.

개화 6~8월

분포 전국의 인가 근처

약명 촉규화蜀葵花, 촉규근蜀葵根

이용 접시꽃 뿌리는 임질로 소변을 못 볼 때 효과가 있고, 소변에 피가 섞여 나올 때나 자궁에 출혈이 있을 때 지혈 작용이 있으며, 소염 효과가 있다.

아욱과의 두해살이풀로, 키가 2m 내외이며 줄기는 둥글고 녹색의 털이 있다. 어긋나는 잎은 심장 모양이다. 가장자리가 5~7갈래로 갈라지고 톱니가 나 있다. 꽃은 7~8월에 흰색 · 홍자색 · 자주색 등으로 다양하게 피고, 꽃봉오리는 녹색으로 올라와 접시처럼 크게 핀다. 흰색 꽃을 말린 것을 '백규화白葵花', 붉은색 꽃을 말린 것을 '적규화赤葵花'라고 한다.

작가 노트 _ 붉은 접시꽃은 뜨거운 심장을, 분홍 접시꽃은 아련한 마음을 하얀 접시꽃은 순수함을 담은 듯한 모습이다. 지금도 집 뒤 장독대 옆에는 어김없이 접시꽃이 피고 그리움의 비가 내린다.

꽃차 만드는 법

memo
꽃가루 정리가 핵심

만드는 법

1. 접시꽃을 채취한다.
2. 수술에 꽃가루가 많지만 신경 쓰지 말고 수증기에 찐다. 찌는 시간은 10초 내외로 2~3회 반복한다. 여름 꽃은 대체로 수분이 많아 찌는 시간이 길면 물러지는 경우가 많다.
3. 채반에 얇게 펴서 말린다.
4. 다 마르고 나면 햇빛에 3~4시간 반짝 말려서 나머지 수분을 없앤다.
5. 밀폐 용기에 담아 냉동 보관한다.

접시꽃차

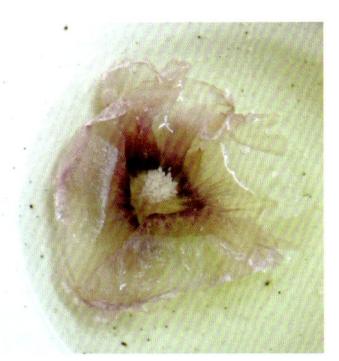

통경 작용

꽃차 마시는 법

말린 꽃 1~2송이를 찻잔에 담고 끓는 물을 부어 우러내어 마
신다.

차의 맛과 효능

맛이 약간 쓰고 달며 성질이 평하다. 캠페놀·플라보노이드
성분이 들어 있다.

부인의 통경약·백대하·하복부 냉증에 효과적이며, 대소변
을 이롭게 한다.

제비꽃

학명 *Viola mandshurica*

개화 4~5월

분포 전국의 양지바른 들판

약명 자화지정紫花地丁

이용 아삭거리는 질감이 꽃샐러드에 감초처럼 쓰인다. 해독·항염 효과가 있다. 전초를 말려 태독·부인병·중풍 등에 약용한다.

제비꽃과의 여러해살이풀로, 키는 10㎝ 내외이고, 원줄기 없이 뿌리에서 긴 자루가 있는 잎이 모여난다. 3~4월에 잎 사이에서 나온 긴 꽃대 끝에 보라색이나 흰색 또는 분홍색의 꽃이 핀다. 꽃이 진 뒤 씨방이 여물어 터지면서 씨앗이 튕겨나간다. 제비꽃의 또다른 이름인 '오랑캐꽃'은 번식력도 좋고 생명력도 왕성하기에 붙여진 이름이다.

작가 노트 _ 쌀쌀한 꽃샘바람을 이겨 내고 땅 가까이에서 가장 먼저 피어나는 꽃이다. 바구니 가득 꽃잎을 담을 때면 봄을 가득 안는 듯한 뿌듯함이 느껴진다. 꽃을 따서 예쁜 접시에 소담스럽게 담아 놓으면 그리운 사람, 그리운 고향 땅이 눈에 선하다.

꽃차 만드는 법

만드는 법

1. 제비꽃은 줄기를 떼어 내고 봉오리만 채취하여 깨끗이 손질한다.
2. 손질한 꽃을 얇게 펴서 그늘에서 말린다. 꽃이 작아서 5일 정도면 충분히 마른다.
3. 말린 꽃차는 밀폐 용기에 담아 보관한다.

memo

생화를 그대로 사용해도 좋다.

제비꽃차

해독 작용
항염 효과

꽃차 마시는 법

말린 꽃 1티스푼을 찻잔에 담고 끓는 물을 부어 1분간 우려내
어 마신다.

차의 맛과 효능

이뇨 작용이 있으며, 골근통·타박상에 좋다.

제비꽃은 그 모습이 작고 앙증맞아 꽃얼음의 재료로 최고다.
맛이 평하고 단맛이 느껴져서 샐러드에 두루 쓰일 만큼 약방
의 감초 같은 꽃이다. 하지만 씹는 느낌이 조금 미끈미끈하다
는 느낌이 든다.

조개나물

기본 사항

학명 *Ajuga multiflora* Bunge

개화 5~6월

분포 전국의 들판 초원

약명 백하초白夏草, 백하고초白夏枯草

이용 5~6월에 전초를 채취하여 햇볕에 말려 약용한다. 이뇨 작용을 하며 피를 식혀 주고 종기로 인한 부기를 가시게 한다.

꿀풀과의 여러해살이풀로, 키는 약 30㎝ 정도로 자라고 줄기는 곧게 서며 흰색의 긴 털이 빽빽하게 나 있다. 5~6월에 자주색 꽃이 잎겨드랑이에서 뭉쳐 위로 올라가며 피고, 7~8월에 납작하고 둥근 열매가 익는다. 한국 특산식물로, 전국의 양지바른 야트막한 산이나 들에 자생하며 관상용으로 인기가 많으며, 잎ㆍ줄기ㆍ뿌리는 약재로 쓰인다. 흰 꽃이 피는 것을 '흰조개나물', 붉은색 꽃이 피는 것을 '붉은조개나물'이라고 한다.

작가 노트 _ 바위 틈새에 심으니 꽃이 피기 시작하면서 왕성하게 번져 나간다. 위로 높아지면서 조개를 닮은 꽃이 피고 옆으로 잎이 퍼져 나간다. 남보라색의 꽃잎이 아래서부터 피기 시작해 곧 보랏빛의 꽃송이가 된다.

꽃차 만드는 법

만드는 법

1. 조개나물꽃대를 밑동까지 잘라 와서 작업대에 펴 놓고 꽃을 뽑아 낸다.
2. 수승기에 15초씩 총 3회 반복하여 찐다.
3. 찐 꽃을 바람이 잘 통하는 그늘에서 말린다.
4. 완전히 마른 꽃을 밀폐 용기에 담아 보관한다.

memo

흙이 묻지 않도록 세심한 주의를!

조개나물꽃차

타박상 개선

꽃차 마시는 법
말린 꽃 1/2 티스푼을 찻잔에 담고 끓는 물을 부어 1분간 우려
내어 마신다.

차의 맛과 효능
맛은 쓰고 성질은 차다. 풋풋함이 느껴진다.
이뇨 작용이 있으며, 골근통·타박상에 좋다.

조팝나무

기본 사항

학명 *Spiraea prunifolia*

개화 4~5월

분포 전국의 산과 들판, 양지바른 기슭, 너덜바위 지역, 논둑, 밭둑

약명 목상산木常山(뿌리), 촉칠蜀漆(줄기)

이용 가을에서 봄 사이에 뿌리를 채취하여 햇볕에 말려서 감기·가래·신경통·말라리아에 약용한다.

장미과의 낙엽관목으로, 키는 2m 내외이고 줄기는 모여나는데 윤기 있는 적갈색이다. 4~5월에 흰색의 향기로운 꽃이 잎과 함께 피고, 9월에 작은 열매가 윤기 나는 적갈색으로 익는데 열매껍질이 갈라져 씨앗이 나온다. 생약명은 '목상산木常山'이지만 흰색의 꽃이 핀다고 하여 '백화상산百花常山'이라고 부르기도 한다. 어린잎을 데쳐서 나물로 먹고 뿌리와 줄기를 약용한다. 좀조팝나무·설악조팝나무·참조팝나무·갈기조팝나무도 같은 용도로 쓴다.

작가 노트 _ 청순하고 가련하면서도 꾸밈없이 터트리는 웃음처럼 편안한 꽃이다. 그래서 나비와 벌들이 조팝나무꽃을 덮는 것은 아닐까? 바람이 불고 햇살이 따가울 때 무리 지어 짙은 향기로 고향의 소식을 전하는 순박한 꽃. 조팝나무꽃에 살며시 기대어 잠을 자고 싶다.

꽃차 만드는 법

memo
꽃잎이 얇으므로 살짝 찐다.

만드는 법

1. 조팝나무꽃을 훑듯이 따서 잡티를 골라 낸다.
2. 꿀이 많아 단내가 많이 나는 반면 색이 금방 변하므로 수증기에 살짝 쪄서 말리는 것이 좋다.
3. 채반에 얇게 펴서 말리는데 5일 정도면 마른다.
4. 햇볕에 3~4시간가량 내놓고 말린다.
5. 완전히 마른 꽃을 밀폐 용기에 담아 냉동 보관한다.

조팝나무꽃차

인후염 개선

꽃차 마시는 법
말린 꽃 1티스푼을 찻잔에 담고 끓는 물을 부어 여러 번 우려
내어 마신다.

차의 맛과 효능
맛은 달고 성질은 평하다.
해열제로 사용하며, 인후염에 효과가 있다.

죽단화[겹황매]

기본 사항

학명 *Kerria japonica*

개화 5월

분포 전국의 마을, 사찰

약명 황매화黃梅花

이용 관상용으로 심어 가꾼다. 위장 기능을 개선하는 데 약용한다.

장미과의 낙엽관목으로, 키는 2m 정도이며 가지가 늘어지듯 길게 뻗는다. 5월에 지름 3~4㎝ 되는 진노란색의 꽃이 작은 공 모양으로 피고, 9월에 열매가 흑갈색으로 익는다. 시골 울타리·절·공원·샘터 주변에 관상용으로 심는다. 황매화의 변종으로, 꽃이 겹꽃으로 풍성하므로 '겹황매'라고도 한다.

작가 노트 _ 황매화는 꽃잎이 홑꽃으로 단정하게 5장씩 달리는 반면에 죽단화는 꽃이 많은 겹꽃으로 더욱 풍성하게 핀다. 그래서 죽단화를 '겹황매'라고 부르기도 한다. 우리 주변에는 황매화보다 죽단화가 더 많이 자라고 있다.

꽃차 만드는 법

만드는 법

1. 꽃을 따서 송이째 그늘에서 말린다.
2. 말린 꽃은 수증기에 15초 내외로 한 번 찐다.
3. 찐 꽃을 다시 말린다.
4. 완전히 마른 꽃을 밀폐 용기에 담아 보관한다. 습기에 매우 취약하므로 만들자마자 밀폐 용기에 담아 보관한다.

memo
습기에 약하다.

죽단화차

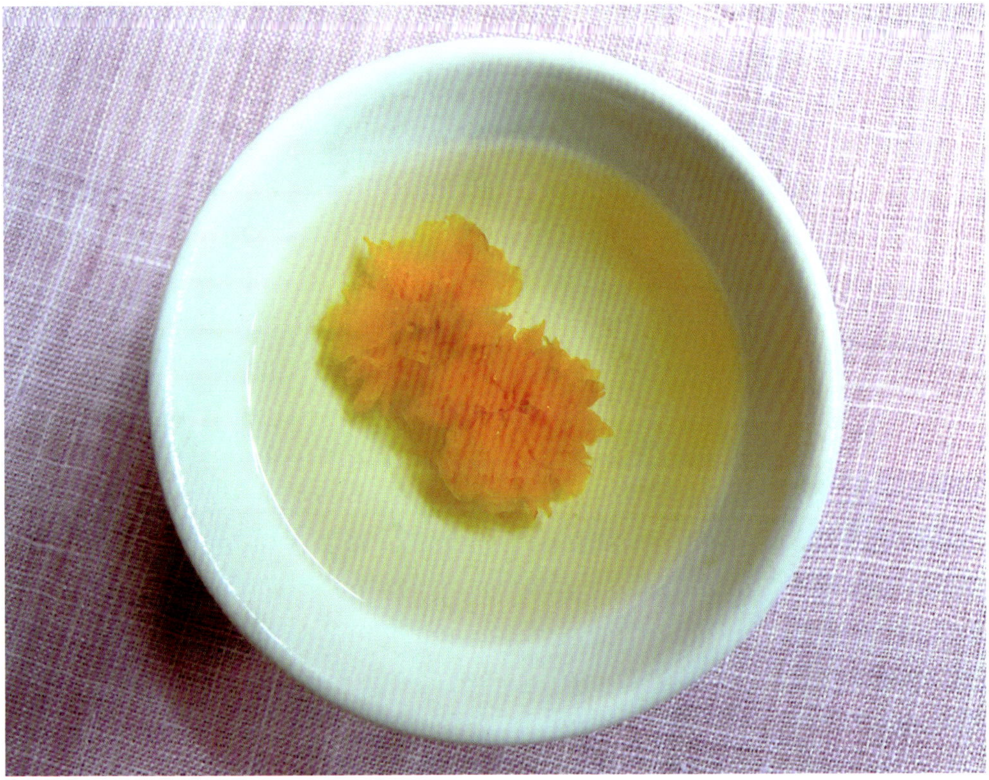

만성 해수 개선
소화불량 개선

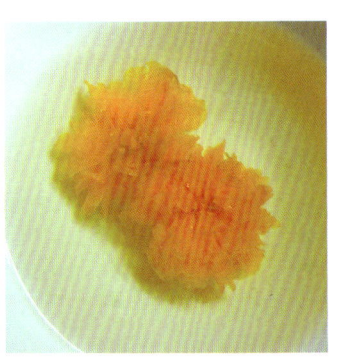

꽃차 마시는 법

말린 꽃 3~5송이를 찻잔에 담고 끓는 물을 부어 우려내어 마신다.

차의 맛과 효능

맛은 쓰고 성질은 평하다.
만성 해수와 소화불량을 개선하며, 이뇨 작용을 한다.

진달래

기본 사항

학명 *Rhododendron mucronulatum*

개화 4월

분포 전국

약명 영산홍迎山紅

이용 진달래꽃은 혈압 강하, 어혈, 토혈, 이질 등에 주로 쓰이고 해수나 기관지염, 감기로 인한 두통에도 효과가 좋다.

진달래과의 낙엽관목으로, 봄에 백두산에서 한라산까지 전국을 진분홍색으로 수놓는 겨레의 꽃이다. 키는 2~3m이고 줄기 윗부분에서 가지가 많이 갈라진다. 4월에 꽃이 잎보다 먼저 피는데, 화전을 만들어 먹거나 진달래술(두견주)을 담그기도 한다. '참꽃' 또는 '두견화'라고도 한다.

작가 노트 _ 민중의 꽃 진달래는 온 산을 붉게 물들여 봄이 왔음을 알린다. 벌써 봄이라니. 아직도 쌀쌀한 기운에 옷깃을 여미며 진달래꽃 하나 입에 넣어 잘근잘근 씹어 본다. 두 눈을 꼭 감아도 향긋한 꽃향기와 달큰하면서도 알싸한 맛이 봄기운을 온몸으로 퍼뜨린다. 진달래꽃차는 신선한 봄기운을 제대로 느끼게 하는 차다.

꽃차 만드는 법

memo
채반에 붙지 않게 뒤집어 가며 말린다.

만드는 법

1. 진달래꽃 수술을 떼어 내고 깨끗이 손질한다.
2. 꽃을 얇게 펴서 통풍이 잘되는 그늘에서 말린다. 채반에 붙지 않도록 하루에 한 번씩 뒤집는다.
3. 완전히 마른 꽃을 밀폐 용기에 담아 보관한다.

다른 방법

수술을 떼어 내고 손질한 진달래꽃을 동량의 설탕으로 켜켜이 재운다. 다음날 주둥이가 작은 병으로 옮겨 맑은 꿀을 덧입힌다. 실온에 두면 발효가 진행되므로 냉동 보관한다.

진달래꽃차

기관지염 개선

꽃차 마시는 법

말린 꽃 3~4송이를 찻잔에 담고 끓는 물을 부어 우려내어 마
신다.

꿀에 재운 꽃차는 3~4송이를 찻잔에 담고 끓는 물이나 차가
운 물을 부어 마신다.

차의 맛과 효능

※ 진달래는 화채를 만들어 먹어도 좋다. 오미자 우린 물에 진달래 3~4
송이를 띄우고 잣과 배를 얹으면 된다. 진달래 꽃은 어혈·토혈·이
질 등을 개선하는 데 주로 쓰이고, 해수·기관지염·감기로 인한 두
통에도 효과가 좋다. 혈압 강하 작용을 한다.

찔레꽃

기본 사항	
학명	*Rosa multiflora* Th.
개화	5월
분포	산기슭의 양지쪽과 개천 유역
약명	영실營實
이용	꽃 향기가 좋아서 향수의 원료로 이용한다. 한방에서는 열매를 불면증·건망증·성기능 감퇴·부종에 약용한다.

장미과의 낙엽관목으로, 키는 2m 내외로 자라며 줄기에 갈고리 모양의 가시가 있다. 5월에 흰색 또는 연분홍색의 꽃이 피고, 가을에 열매가 붉게 익는데, 이 열매를 '영실營實'이라 하여 약으로 쓴다. 유사종으로 털찔레·좀찔레·제주찔레·국경찔레 등이 있다.

작가 노트 _ 한국의 토종 장미를 아세요? 5월이 되면 전국의 산야를 구석구석을 연한 홍색으로 또는 하얗게 수놓는 눈부신 꽃이 있습니다. 시골 처녀의 순하고 깨끗한 마음처럼 다가오는 꽃이기도 하지요. 찔레꽃은 우리 마음의 고향입니다.

꽃차 만드는 법

memo
진딧물에 주의한다.

만드는 법

1. 찔레꽃을 채취하여 깨끗이 손질한다. 점액질이 많아 끈적하므로 가위를 이용한다.
2. 채반에 얇게 펴서 반그늘에 3~4시간 두어 진딧물(벌레)이 나가게 한 뒤 20초씩 3~4회 김을 쏘인 뒤 그늘에서 말린다.
3. 완전히 마른 꽃을 밀폐 용기에 담아 냉동 보관한다. 조금씩 덜어 이용해야 검게 변하는 것을 막을 수 있다.

※ 찔레꽃을 손질하여 꿀이나 설탕에 재워 1개월 정도 지나면 매우 맛있게 먹을 수 있다.

찔레꽃차

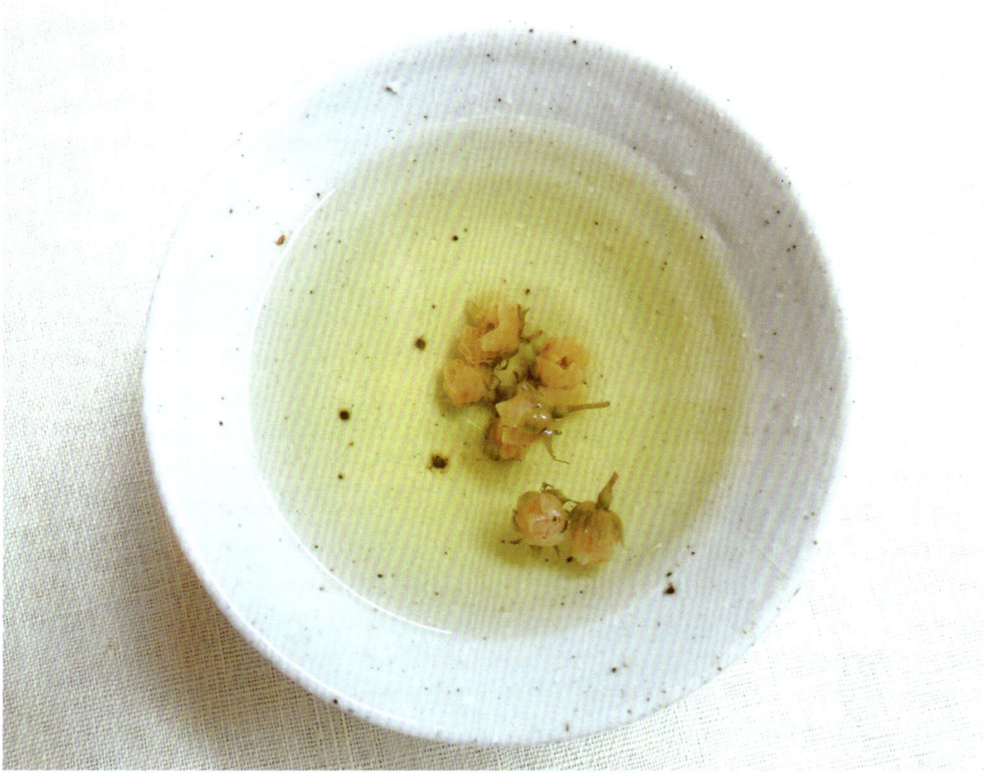

당뇨 개선
이뇨 작용

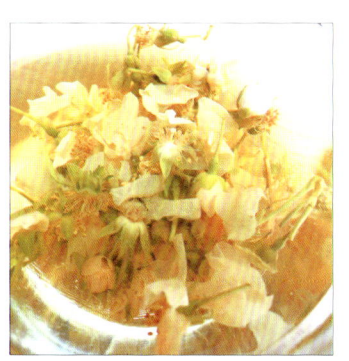

꽃차 마시는 법

말린 꽃 1티스푼을 찻잔에 담고 끓는 물을 부어 우려내어 마신다.

차의 맛과 효능

은은하고 달콤하면서도 여성스러움이 묻어나는 차다. 당뇨에 좋으며 이뇨제로 효과가 좋다. 단맛이 싫은 사람은 첫번째 물은 부어서 바로 버리고 두 번째 물부터 이용한다.

차나무

기본 사항

학명 *Camellia sinensis*

개화 겨울

분포 남부 지방

약명 다화茶花

이용 어린잎은 생것을 샐러드로 만들어 먹기도 하고, 밀전병의 속재료로 쓰기도 한다. 꽃이 작고 예뻐서 꽃얼음을 얼릴 때 매우 좋다.

차나무과의 상록관목으로, 키는 4~8m 정도로 자라고, 일년생 가지는 잔털이 있고 갈색이지만 월년생 가지에는 털이 없고 회갈색이다. 10~11월에 흰색의 꽃이 피는데 꽃잎은 5개이고 넓은 도란형이다. 수술이 풍부하고 벌이 많이 모여든다. 과실은 둔한 삼각형 모양을 띠고 3개의 종자가 있는데, 꽃이 필 때쯤 성숙한다.

작가 노트 _ 낙엽이 지고 찬바람이 불 때 하얀 웃음 지으며 다가오는 꽃이다. 모두들 화려한 옷을 입고 마지막 파티를 즐길 때 소박하게 나뭇잎 밑에서 고개 숙여 피어나는 의지의 꽃이기도 하다. 이 꽃을 통해 곧은 정기를 품고 숙연하게 현실을 받아들이는 자세를 배운다.

꽃차 만드는 법

memo

날이 추울 때라 방바닥에서 말리는 것도 방법

만드는 법

1. 차나무꽃을 채취하여 깨끗이 손질한다.
2. 손질한 꽃을 7~10일 정도 그늘에서 말린다.
3. 마른 꽃을 수증기에 40초씩 총 3회 반복하여 쪄 준다.
4. 완전히 마른 꽃을 밀폐 용기에 담아 보관한다.

※ 잎차는 만드는 방법에 따라 녹차綠茶, 홍차紅茶, 오룡차烏龍茶로 구분한다. 녹차는 덖어서 건조한 것, 홍차는 효소에 의한 발열, 오룡차는 완전 발효 식품이다.

차나무꽃차

소화력 향상
갈증 해소

꽃차 마시는 법

말린 꽃 3~4송이를 찻잔에 담고 끓는 물을 부어 1분간 우려내어 마신다. 묵은 잎차를 우려내어 차나무꽃을 하나씩 띄워 먹으면 더욱 맛있다.

차의 맛과 효능

이뇨 작용이 있으며, 두통에 좋다. 가슴의 번열, 갈증을 해소한다. 소화력을 향상시키고 알코올을 해독하는 능력이 있다. 각성 효과가 있다.

참나리

기본 사항

학명 *Lilium tigrinum* KerGawl.

개화 7~8월

분포 전국의 산과 들. 관상용으로 재배

약명 백합百合

이용 비늘뿌리를 가을에 굴취하여 시루에 쪄서 햇볕에 말려 기관지질환에 약용한다.

백합과의 여러해살이풀로, 키는 약 1.5m 내외로 자라며 잎은 여러 개로 어긋나는데, 잎겨드랑이에 검은 자색의 '주아珠芽'가 있는 것이 특징이다. 7~8월에 짙은 황적색 꽃이 피는데, 표범처럼 얼룩무늬가 있어서 '꽃 중의 표범'이라고도 부른다. 어린순을 나물로 먹으며 비늘줄기[鱗莖]를 '백합百合'이라 하여 약용한다. 유사종인 말나리 · 중나리 · 섬말나리 등의 비늘 모양의 뿌리도 같은 용도로 쓴다.

작가 노트 _ 꽃이 지고 나면 씨가 하나씩 맺히는데 흑수정처럼 생겼다. 밤에는 꽃이 닫히고 아침에 피기 때문에 '야합화'라 불리는 참나리는 예쁘기도 하지만 꽃잎에 찍혀 있는 검은 점이 위협적이기도 하다.

꽃차 만드는 법

memo
뭉친 꽃가루를 떼어 낸다.

만드는 법

1. 참나리 꽃 꽃술은 꽃가루가 많으므로 떼어 버리고 봉오리째 사용한다.
2. 수증기에 10~15초씩 2~3회 반복해서 쪄 준다.
3. 채반에 얇게 펴서 통풍이 잘되는 그늘에서 말린다.
4. 완전히 마른 꽃을 밀폐 용기에 담아 냉동 보관한다.

참나리꽃차

기관지질환 개선
신경 안정 효과

꽃차 마시는 법

꽃송이 하나면 5명 정도가 마실 수 있다. 말린 꽃 1송이를 200 *ml* 용량의 다관에 넣고 끓는 물을 부어 우려내어 마신다. 혼자서 마실 때는 꽃잎 한 장을 찻잔에 담고 끓는 물을 부어 1분간 우려내어 마신다.

차의 맛과 효능

맛이 달고 쓰며 성질이 차지도 뜨겁지도 않다. 히스테리 증상에 하루 정도 수시로 마시면 마음이 편안해지는 것을 느낄 수 있다. 보기에는 조금 위협적이지만 마시기에는 부드럽고 편안하다. 차 찌꺼기는 모아 두었다가 목욕제로 쓰면 좋다.

참취

기본 사항

학명 *Aster scaber* TH.

개화 8~9월

분포 전국의 산과 들 초원

약명 동풍채東風菜

이용 향기가 좋으므로 꽃얼음을 얼려도 좋다. 어린잎을 봄에 산나물로 먹으며, 뿌리는 기침, 당뇨, 신장염 등에 쓴다.

국화과의 여러해살이풀로, 키는 1~1.5m 정도이고 윗부분에서 가지를 친다. 8~9월에 줄기 끝과 가지 끝에 흰색 꽃이 피며, 열매는 11월에 익는다. 어린순을 '취나물'이라고 하여 식용하며, 뿌리를 늦가을이나 이른봄에 채취하여 햇볕에 말려서 약재로 쓴다. 한국·중국·일본 등지에 널리 분포한다.

작가 노트 _ 허리를 구부리고 바람이 부는 대로 나부끼는 하얀 꽃다발! 봄이면 어린 나물이 입을 즐겁게 해 주고 가을 들어서는 길목이면 어김없이 하얀 웃음으로 향기 내어 붙잡는 꽃. 그리고 가을로 접어드는 어느 날, 뿌리가 좋은 향으로 우리에게 몸을 보충시킨다.

꽃차 만드는 법

memo
꽃의 중심부가 두꺼우므로 신경 쓴다.

만드는 법

1. 참취꽃은 벌레가 많으므로 수술이 노란 것으로 막 개화한 것을 채취한다.
2. 꽃만 따서 말리는데 꽃의 중심부가 두껍기 때문에 수증기에 살짝 쪄서 말리는 것이 더 잘마른다.
3. 찔 때는 10~15초 간격으로 2~3회 반복한다.
4. 채반에 얇게 펴서 말린다.
5. 남은 수분을 없애기 위해 프라이팬에 살짝 덖어 낸다.
6. 완전히 마른 꽃을 밀폐 용기에 보관한다.

참취꽃차

기침 개선

꽃차 마시는 법
말린 꽃 5~6송이를 찻잔에 담고 끓는 물을 부어 우려내어 마신다. 여러 번 우려내도 참취의 향이 배어 나오므로 기분이 좋아진다.

차의 맛과 효능
맛은 달고 성질은 차다.
기침을 낫게 하고 당뇨 · 신장염 등에 효과가 있다.

천일홍

기본 사항

- **학명** *Gomphrena globosa* L.
- **개화** 7~10월에
- **분포** 원예용으로 재배
- **약명** 천일홍千日紅
- **이용** 기침·가래·천식을 개선하고 신경 안정 작용이 있다.

비름과에 속하는 한해살이풀로, 구대륙 열대 지역이 원산지이다. 키는 40~50㎝ 정도로 자라는 작은 원예식물로, 꽃은 꽃잎이 없고 긴 줄기에 붉은색·분홍색·오렌지색·희색의 포苞가 달린다. 꽃이 말라도 색이 오랫동안 변하지 않으므로 '천일홍千日紅'이라고 하며, 꽃의 질감이 종이를 만지는 듯하여 아이들이 흔히 '종이꽃'이라고도 부른다. 여름에 절화나 말린 꽃으로 이용하기에 좋다.

작가 노트 _ 우러나는 찻색에 반하여 차로 만들기 시작한 꽃이다. 꽃의 질감은 거친데 물에 들어가면 부드러워진다. 붉은색 꽃은 붉은색 물이, 분홍색 꽃은 분홍색 물이, 오렌지색 꽃은 오렌지색 물이 우러나온다. 여러 번을 우려내도 처음과 끝이 변함이 없다. 꽃송이 몇 개로 모두를 황홀경에 빠지게 할 수 있는 매력적인 꽃이다.

꽃차 만드는 법

memo
질감이 종이 같아서 푹 익혀야 한다.

만드는 법

1. 꽃을 따서 불순물을 털어 낸다.
2. 대바구니에 꽃을 놓다.
3. 물을 끓여 수증기가 오르면 꽃을 담은 대바구니를 얹고 40초씩 3회 쪄 준다.
4. 얇게 펴서 잘 말린다.
5. 완전히 마른 꽃을 밀폐 용기에 담아 보관한다.

천일홍꽃차

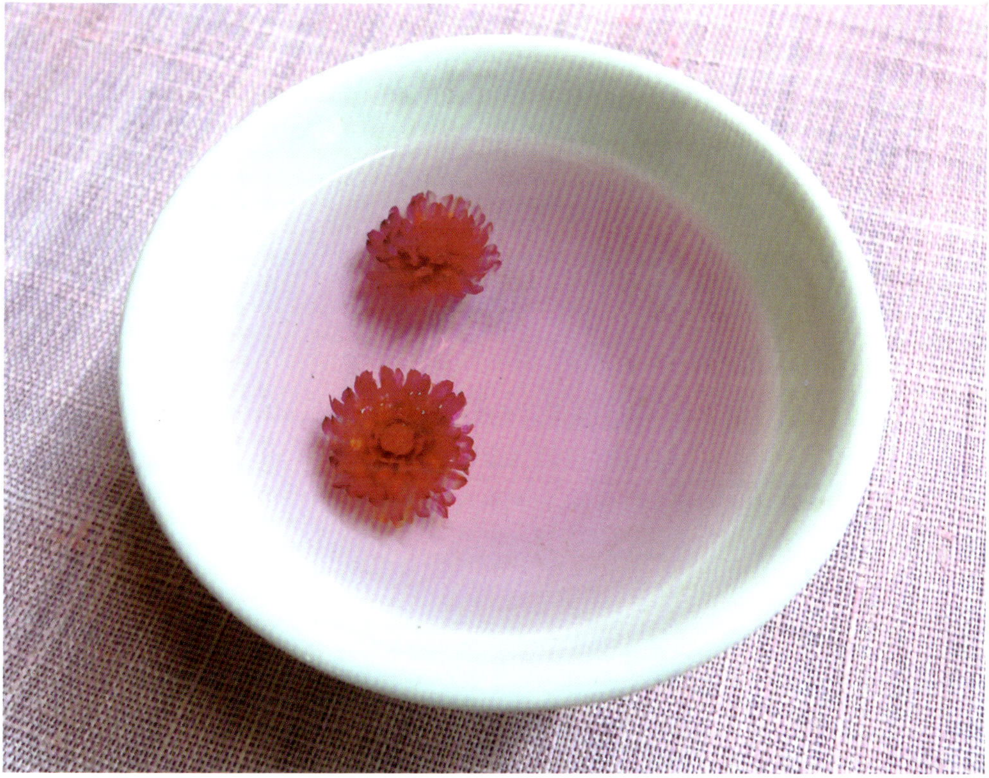

신경 안정 작용

꽃차 마시는 법

말린 꽃 3~5송이를 200*ml* 용량의 다관에 담고 끓는 물을 부어 1분간 우려내어 마신다. 붉은보라색 찻물이 선명하여 아름답다.

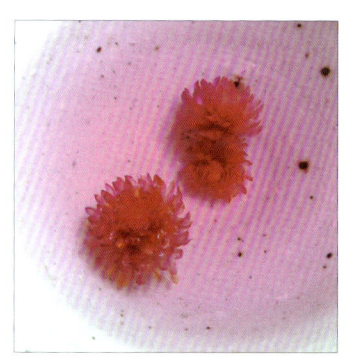

차의 맛과 효능

알싸한 맛이 난다. 풋풋한 향기가 여운을 남긴다. 여러 번 우려내어 마실 때마다 색다른 맛이 난다.

청미래덩굴

기본 사항

학명 *Smilax china* L.

개화 5월

분포 전국의 산지 숲 가장자리

약명 토복령土茯苓

이용 뿌리에 이뇨 · 해독 · 거풍 효능이 있어 관절염 · 요통 · 종기 등에 약용한다. 고려 시대부터 조선 시대에 걸쳐 뿌리줄기를 매독에 사용했다고 전해진다.

백합과의 낙엽성 덩굴식물로, 윤기 나는 두꺼운 잎이 인상적이다. 군데군데 가시가 난 줄기가 다른 식물을 감으며 3m 정도 옆으로 뻗어 나간다. 5월에 황록색 꽃이 피고, 9~10월에 지름 1㎝ 되는 둥근 열매가 빨갛게 익는다. 뿌리줄기는 굵고 딱딱하며 꾸불꾸불 옆으로 길게 벋어 가는데, 이를 '토복령土茯苓'이라 하여 초봄이나 한여름에 잘 말려 약용한다. 어린잎과 열매는 식용한다. 망개나무 · 매발톱가시 · 청열매덩굴이라고도 한다.

작가 노트 _ 꽃들이 줄줄이 매달려 무슨 얘기를 나누는지 재미있다. 때로는 연주를 하듯 흔들리고, 또 때로는 옆구리를 스치는 바람이 간지러운 양 웃고 있다.

꽃차 만드는 법

memo

충분히 쪄야 찻물이 우러나온다.

만드는 법

1. 청미래덩굴꽃을 연한 꽃줄기와 함께 채취하여 손질한다.
2. 손질한 꽃을 바람이 잘 통하는 그늘에서 말린다.
3. 마른 꽃을 수증기에 40초씩 3회 이상 쪄 준다.
4. 찐 꽃을 다시 말린다.
5. 완전히 마른 꽃을 밀폐 용기에 담아 보관한다.

청미래덩굴꽃차

해독 작용
거풍 작용

꽃차 마시는 법
말린 꽃 2~3송이를 찻잔에 담고 끓는 물을 부어 1분 정도 우려내어 마신다.

차의 맛과 효능
맛은 달고 성질은 따뜻하다. 꽃을 포함한 어린순 전체를 차로 만들어 마시므로 뒷맛이 풋풋하고 싱그럽다.
해독 작용·중금속 중독을 예방하고 개선한다.
청미래덩굴은 항암 작용을 하는 것으로 알려져 있다.

치자나무

기본 사항

학명 *Gardenia jasminoides*

개화 6~7월

분포 남부 지방에서 주로 재배

약명 치자梔子(열매)

이용 한방에서 열매를 염증 질환·간염·황달·토혈 등의 증상에 약으로 쓴다.

꼭두서니과의 활엽 상록관목으로, 키는 4m까지 자라며 타원형의 잎은 마주난다. 6~7월에 흰색의 꽃이 피고 10월에 주황색으로 열매가 익는데 천연 색소로 이용된다. 꽃은 향기가 매우 강하여 멀리까지 퍼지고 열매 모양이 특이하여 관상용으로 가꾼다. 치자 열매를 약재로 이용하며, 색소를 우려내어 빈대떡·전 등에 천연 색소로 사용한다.

작가 노트 _ 하얀 치자꽃이 필 때면 감추어 두었던 추억 하나 꺼내어 흘러가는 향에 입혀 떠나 보낸다. 아는지 모르는지 지금은 잊혀진 사람이려니 하면서도 그냥 순백색의 향속에 전해 본다.

꽃차 만드는 법

memo

열이 닿으면 색이 변한다.

만드는 법

1. 치자나무꽃은 꽃잎이 두터워서 말리는 과정에서 색이 많이 변하므로 반드시 장갑을 끼고 채취한다. 활짝 만개한 것보다는 막 터지는 꽃이 좋다.
2. 치자나무꽃은 열이 가해지면 색이 변하므로 그냥 말리는 것이 좋다.
3. 온도와 바람이 잘 만나면 진노랑으로 마르며, 온도의 변화가 있으면 흑색으로 변하는데 둘 다 매력이 있다.
4. 완전히 마른 꽃을 밀폐 용기에 담아 냉동 보관한다.

치자나무꽃차

해열 작용
소염 작용

꽃차 마시는 법

말린 꽃 1송이를 찻잔에 담고 끓는 물을 부어 우려내어 마신
다. 여러 번 우려내어 마실 수 있으며 두 번째가 제일 맛있다.
향기롭고 달며 혀 끝에 감기는 느낌과 찻잔 속의 꽃이 환상적
이다.

차의 맛과 효능

맛은 쓰고 달며 성질은 차다.
열병으로 가슴속이 답답할 때 효과가 있다. 우울증을 풀어 준
다. 해열 · 이담利膽 · 지혈 · 소염消炎 등의 효능이 있다.

칡

기본 사항

학명 *Pueraria thunbergiana*
Benth.

개화 8~9월

분포 전국의 산과 들

약명 갈근葛根, 갈화葛花

이용 부각·꽃샐러드·떡 등에 두루
쓰인다. 갈근은 발한·해열 등의 효과
가 있어 감기몸살에 약용한다.

콩과의 여러해살이 낙엽덩굴나무로, 줄기가 매년 굵어지므로 나무로 분류된다. 덩굴 길이는 10m
까지 자라는데, 윗부분은 한겨울에 말라죽는다. 8월에 나비 모양의 붉은자줏빛 꽃이 잎겨드랑이
에 10~25cm의 총상꽃차례로 아랫부분부터 피면서 올라간다. 칡뿌리는 대표적인 구황식물로 이용
되어 왔으며, 한방에서 꽃을 '갈화葛花', 잎을 '갈엽葛葉', 줄기를 '갈만葛蔓', 뿌리를 '갈근葛根'이라 하
여 약용한다. 뿌리·줄기·잎·꽃 모두 쓰임새가 많은 자원식물이다.

작가 노트 _ 여름이 절정에 이를 때 산속 넝쿨 속에서 붉은자줏빛 자태를 내보이며 피기 시작하는
칡꽃. 무더운 더위를 식히며 코끝으로 스치는 그 향기는 오래도록 머물러 있다.

꽃차 만드는 법

만드는 법

1. 꽃을 손질하여 바람이 잘 통하는 반그늘에서 말린다.
2. 마른 꽃을 수증기에 30초씩 총 3회 찐 뒤 다시 말린다.
3. 완전히 마른 꽃을 밀폐 용기에 담아 보관한다.

다른 방법

손질한 꽃을 유리 그릇에 넣은 뒤 꽃이 잠길 만큼 꿀을 부어 보
름간 숙성시킨 뒤 베보자기에 싸서 액만 걸러 냉장 보관한다.

※ 칡꽃은 이슬이 맺힌 뒤부터 향을 풍기므로 한낮에 따는 것이 좋
다. 여름 꽃은 수증기에 쪄서 사용하는 것이 좋다.

memo
살충·살균 과정 필수. 반드시 쪄 준다.

칡꽃차

꽃차 마시는 법

말린 꽃 1티스푼(꽃 12개)을 다관에 담고 끓는 물을 부어 우려
내어 마신다.

칡꽃 액 1/4~1/5컵을 찻잔에 담고 따뜻한 물이나 차가운 물을
부어 마신다.

차의 맛과 효능

술독을 풀어 준다.

갈증·식욕부진·복부팽만·구토 증상을 개선한다.

타래붓꽃

기본 사항

학명 *Iris pallasii* var. *chinensis* Fischer

개화 5~6월

분포 전국의 산과 들 건조한 곳

약명 마린자馬藺子(씨), 마린화馬藺花(꽃)

이용 9~10월에 열매를 따서 햇볕에 말려 해열·지혈제로 쓴다. 꽃이 피었을 때 꽃만 따서 햇볕에 말려 해열·이뇨·지혈제로 쓴다.

붓꽃과의 여러해살이풀로, 키는 40~50㎝ 내외이며, 줄기는 곧게 서며 모여 나고 나중에 커다란 포기가 된다. 5~6월에 꽃대가 길게 나와 끝에 연한 자주색 꽃이 피고, 9~10월에 꼬투리 열매가 익는다. '꽃창포'라고도 하는데, 꽃잎이 비틀리며 자라 실타래처럼 꼬인 것처럼 보인다고 하여 '타래붓꽃'이라는 이름이 붙었다.

작가 노트 _ 살포시 고개 들어 날갯짓하면 하늘나라 선녀님의 날개옷이런가. 가느다란 바람에도 팔랑거리며 즐거워하는 것이 잔잔한 호수에 바람이 이는 것 같다. 잠자리가 앉아 있는 것 같기도 하고 나비가 잠자고 있는 것 같기도 하고. 그렇게 나폴거리는 모습이 마냥 예쁘기만 하다.

꽃차 만드는 법

memo

잔여 수분을 없애는 것이 중요하다.

만드는 법

1. 활짝 핀 꽃을 따서 손질한다.
2. 그늘에서 말린다. 비가 올 때는 전자레인지를 이용한다.
3. 말린 꽃은 프라이팬에서 나머지 수분을 없앤 뒤 밀폐 용기에 담아 보관한다.

※ 전자레인지 사용법 : 데우기에서 2분간 돌린 뒤 꺼내서 밑면에 고인 수분을 닦고 다시 돌린다. 4~5회 반복한 뒤 수분을 닦아 내고 식힌 뒤 해동에서 2분씩 다시 4회 반복해 주면 다 마른다. 꽃의 양에 따라, 개화 정도에 따라 돌리는 횟수가 달라질 수 있다.

타래붓꽃차

인후염 개선
지혈 작용

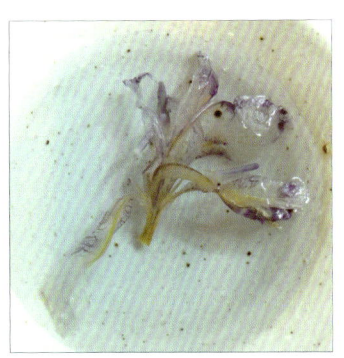

꽃차 마시는 법
말린 꽃 1~2송이를 찻잔에 담고 끓는 물을 부어 여러 번 우려
내어 마신다.
※ 임신 예정자는 많이 마시지 않는다.

차의 맛과 효능
맛은 쓰고 성질은 서늘하다.
인후염에 효과가 있고, 코피를 그치게 하며, 소변을 잘 누게 한
다. 청열해독·해열·지혈 작용이 있다. 전분·지방유가 함
유되어 있다.

탱자나무

기본 사항

학명 *Poncirus trifoliata* Rafin

개화 4월

분포 남부 지방

약명 지실枳實

이용 생화는 고추냉이를 먹는 듯 끝 맛이 개운하고 깔끔한 향이 있다. 샐러드나 꽃얼음의 재료로 이용된다. 6월경에 덜 익은 열매를 채취하여 적당한 두께로 썰어 햇볕에 말려서 그대로 쓴다.

운향과의 낙엽관목으로, 키는 3m 정도이며, 나무 전체에 억세고 날카로운 가시가 있다. 5월에 가지와 가지 사이에서 꽃이 하나씩 피고, 가을에 둥근 열매가 노랗게 익는데 이를 탱자라고 한다. 덜 익은 탱자를 두세 조각으로 잘라서 말린 것을 '지실枳實', 껍질만 말린 것을 '지각枳殼'이라 하는데 지실은 습진 치료제로 쓰고, 지각은 설사 치료제와 관장약으로 사용한다.

작가 노트 _ 가시밭 속에서 연한 꽃잎을 드러내고 하얗게 웃고 있는 꽃이 있다. 손을 뻗으면 날카로운 가시에 손이 찔려 근접하기가 쉽지 않다. 그러기에 취하려는 이가 많고 더 눈부신 것인가 보다. 은은한 향에 은빛 꽃이 마음을 평안하게 한다. 청순한 시골 처녀의 웃음을 마시는 것 같다.

꽃차 만드는 법

memo
전자레인지를 이용하면 효율적이다.

탱자꽃차 만드는 법

1. 탱자꽃을 채취하여 깨끗이 손질한다.
2. 손질한 꽃을 얇게 펴서 열흘 정도 통풍이 잘되는 그늘에서 말린다.
3. 완전히 마른 꽃을 밀폐 용기에 담아 보관한다.

탱자차 만드는 법

잘 익은 탱자를 2mm 두께로 얇게 저미듯이 썰어 그릇에 담고 동량의 설탕을 부어 숙성시킨다. 열매차 1스푼을 찻잔에 담고 끓는 물을 부어 마신다.

탱자나무꽃차

과민성 체질 개선
위 무력증 개선

꽃차 마시는 법
말린 꽃 3~4송이를 찻잔에 담고 끓는 물을 부어 여러 번 우려
내어 마신다.

차의 맛과 효능
차 맛은 달고 담백하다. 부드러워서 마시기 좋으며, 식후에 마
시는 느낌이 더 좋다.
위 무력증·소화불량·과민성(알레르기성) 체질을 개선한다.
위장에 찬 가스를 제거하는 효과가 있다.

패랭이꽃

기본 사항

학명 *Dianthus chinensis* L.

개화 6~8월

분포 전국의 산과 들 건조한 곳

약명 석죽石竹

이용 샐러드용으로 좋다. 차를 만들면 예쁘게 피어난다.

석죽과의 여러해살이풀로 키는 30㎝ 정도로 자라며, 뿌리에서 여러 줄기가 나와 곧게 자란다. 6~8월에 진분홍색 꽃이 줄기 끝에 1개 또는 여러 개가 모여 핀다. 꽃과 열매를 포함한 전초를 채취하여 그늘에서 말려 신장염·방광염·요도염·안과 질환에 약으로 쓴다. 유사종인 사철패랭이는 연중 꽃이 핀다.

작가 노트 _ 작은 카네이션처럼 보이는 패랭이꽃은 시골집 돌담 근처에서 피어난다. 요즘은 분화로 많이 팔기도 하지만 우리나라 산과 들 어디에서나 많이 나는 꽃으로서, 유난히 고운 색깔과 독특한 생김새로 사랑을 받아 왔다. 카네이션은 이 패랭이꽃을 개량하여 생긴 꽃이라고 본다. 이 패랭이꽃을 보면 누구든 어머니 생각을 하게 되리라.

꽃차 만드는 법

memo

꽃의 꿀샘이 반드시 들어가야 한다.

만드는 법

1. 패랭이꽃을 봉오리째 채취하여 깨끗이 손질한다.
2. 손질한 꽃을 7~10일 정도 그늘에서 말린다.
3. 완전히 마른 꽃을 밀폐 용기에 담아 보관한다.

※ 술패랭이로도 차를 만들 수 있다.

※ 수증기에 쪄서 말리면 습기에 강해진다. 20초씩 2회 정도 찐다.

패랭이꽃차

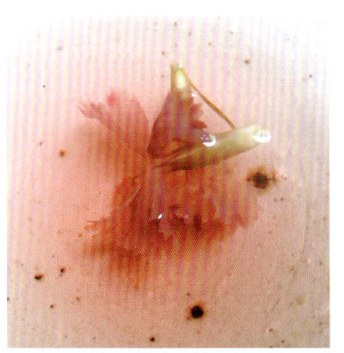

방광염 개선

꽃차 마시는 법
말린 꽃 1~2송이를 찻잔에 담고 끓는 물을 부어 1분간 우려내어 마신다.
차를 우리는 시간이 1분 이내면 찻물이 노란색이고, 2분 이상 우리면 찻물이 붉은색이 된다.

차의 맛과 효능
맛은 쓰고 성질은 차다.
방광염과 요도염에 효과가 있고, 이뇨·흥분 작용이 있다.

패모

기본 사항

학명 *Fritillaria ussuriensis* Maxim.

개화 4~5월

분포 전국의 산지

약명 패모貝母(비늘줄기)

이용 비늘줄기는 진해·거담 작용을 한다. 전라도 지방에서는 닭백숙에 패모를 넣어 먹는다.

백합과의 여러해살이풀로 키는 약 30㎝ 내외이며, 잎이 마주나거나 3개씩 돌려나며 달린다. 흰색의 알뿌리가 조개처럼 2~3조각으로 벌어져 있어서 '패모貝母'라고 부른다. 연녹색을 띠는 꽃이 4~5월 말 사이에 잠깐 피었다 금세 진다. 수술은 6개이고, 꽃 안쪽에 얼룩 줄무늬가 있다. 과실은 짧고 삼각형이다. 한방에서 진해제로 약용하며, 유방염에 처방하는 '지패산芷貝散'이 대표적이다.

작가 노트 _ 이른 봄에 찬이슬을 깨고 연녹색으로 피는 꽃이다. 종 모양의 꽃이 다소곳이 고개 숙여 인사하듯 조용히 피었다가 다른 꽃들이 피기 시작하면 꿈결처럼 사라지고 만다. 뜰 한켠에서 있는 둥 없는 둥 잠시 얼굴만 비추고 도망가 버리는 그리움의 꽃이다.

꽃차 만드는 법

만드는 법

1. 패모꽃을 봉오리째 채취하여 깨끗이 손질한다.
2. 손질한 꽃을 그늘에서 5~7일 정도 말린다.
3. 마른 꽃을 햇볕에 2~3시간 정도 내놓아 습기를 완전히 제거한다.
4. 완전히 마른 꽃을 밀폐 용기에 담아 보관한다.

memo

햇볕에 잠깐 말려 주는 것이 포인트!

패모꽃차

진해·거담 작용

꽃차 마시는 법

말린 꽃 1~2송이를 찻잔에 담고 끓는 물을 부어 우려내어 마신다. 녹차를 약간 넣어서 마셔도 좋다.

마시는 것보다 보는 즐거움이 더 큰 차다.

차의 맛과 효능

맛은 달고 성질은 평하다. 풋풋한 풀내음에 쌉싸래한 맛이 일품이다.

진해·거담·해열 작용이 있다. 알칼로이드 성분이 들어 있다.

할미꽃

기본 사항

학명 *Pulsatilla koreana* Nakai

개화 3~5월

분포 제주도를 제외한 전국의 양지바른 곳

약명 백두옹白頭翁

이용 한방에서는 뿌리를 치조治燥·치체治滯·소염·수렴·해독 작용을 하는 약재로 쓴다. 말라리아·이질·종기 치료 효과가 있다.

미나리아재비과의 여러해살이풀로, 산기슭의 양지쪽 메마른 잔디밭에서 작은 군락을 이루는 성질이 있다. 키는 30~40㎝ 정로 자라고, 뿌리는 굵고 길며, 여러 장의 잎이 뿌리에서 나온다. 4~5월에 종 모양의 꽃이 땅을 향하여 핀다. 허리가 고부라진 모습이 지팡이를 짚은 할머니 같아서 '노고초老姑草', 흰색 털로 덮인 열매 모습이 노인의 흰머리 같아서 '백두옹白頭翁'이라고 한다.

작가 노트 _ 흰색·적색·남색·적자색 등 색깔이 다양한데 꽃은 매우 고급스러워 보인다.

꽃차 만드는 법

만드는 법

1. 막 개화한 할미꽃을 솎아 내듯이 따서 깨끗이 손질한다.
2. 그늘에서 잘 말린 뒤 수증기에 20초씩 3회 반복해서 찐다.
3. 찐 꽃을 그늘에서 다시 말린다.
4. 완전히 마른 꽃을 밀폐 용기에 담아 보관한다.

memo

털이 있어도 괜찮다.

할미꽃차

항균 작용
해독 작용

꽃차 마시는 법

말린 꽃 1송이를 찻잔에 담고 끓는 물을 부어 우려내어 마신
다.

차의 맛과 효능

맛이 약간 쓰고 성질이 차다. 차 맛은 전반적으로 부드럽다.

자색으로 우러나는 찻물이 매우 아름답다.

항균 작용을 한다.

해당화

기본 사항

학명 *Rosa rugosa* Thunderberg

개화 5~7월

분포 바닷가 모래땅이나 산기슭

약명 매괴화玫瑰花

이용 해당화 꽃잎만 따로 떼어내어 음식재료로 이용한다. 해당화 색반이 있다.

장미과의 낙엽관목으로, 해변의 모래밭에서 자라는데, 줄기에 가시와 융모가 많다. 5~7월에 홍 자색 꽃이 피는데 향기가 진하여 향수 원료로 이용되고, 8월에 붉게 익는 열매는 약용·식용한다. 꽃과 열매 모두 아름다워 관상식물로 인기가 있다. 열매는 '생열귀'라고 하고, 꽃은 '매괴화玫瑰花' 라고 한다. 꽃잎이 벌어질 무렵에 따서 햇볕에 말려 꽃자루와 꽃받침을 제거한 뒤 간위기통肝胃氣 痛·협통脇痛·풍습비風濕痹·월경부조·대하·질타손상跌打損傷·유종 등의 증상에 사용한다. ※ 산기슭에서 자라는, 해당화를 꼭 닮은 식물로 '생열귀나무'가 있다.

작가 노트 _ 우리 몸을 건강하게 하는 귀한 꽃이다. 하지만 만개했을 때 손을 대면 꽃가루와 꽃잎 이 순식간에 쏟아져 버리는 허탈한 꽃이다.

꽃차 만드는 법

memo
열이 닿으면 색과 향이 변한다.

만드는 법

1. 해당화는 만개하지 않은 것으로 채취한다.
2. 열이 닿으면 색과 향이 변하기 쉬우므로 거꾸로 매달아 말 리는 것도 좋다.
3. 꽃봉오리가 힘들다면 꽃잎과 중심부를 분리하여 말린다.
4. 꽃잎을 떼어 냈을 경우는 꽃잎은 그냥 말리되, 중심부는 수 증기에 쪄서 말리는 것이 좋다.
5. 완전히 마르면 한데 섞어서 밀폐 용기에 보관한다.

해당화차

담즙 분비 촉진

꽃차 마시는 법

말린 꽃 1송이를 찻잔에 담고 끓는 물을 부어 우려내어 마신다. 해당화는 물의 성분에 따라 우러나오는 찻물의 색이 다르다.

차의 맛과 효능

맛은 달고 쓰며, 성질은 따뜻하다. 향기가 좋다.

정유와 비타민류가 들어 있다. 담즙 분비 촉진 작용을 하며, 타박상으로 인한 어혈을 풀어 준다.

해바라기

기본 사항

학명 *Helianthus annuus* L.

개화 8~9월

분포 전국에서 재배

약명 향일규화向日葵花

이용 줄기 속을 이뇨 · 진해 · 지혈 작용을 하는 약재로 쓴다.

국화과의 한해살이풀로, 키는 2m 내외로 자라며, 식물 전체에 억센 털이 있다. 달걀 모양의 잎은 가장자리에 톱니가 있고 어긋난다. 8~9월에 지름이 20㎝ 정도 되는 큰 꽃이 원줄기와 가지 끝에 하나씩 핀다. 잎을 '향일규엽向日葵葉', 꽃을 '향일규화向日葵花'라 한다.

※ 해바라기를 재배할 때 중심 줄기를 두 번 정도 잘라 주면 꽃이 작아지고 꽃 수는 많아진다.

작가 노트 _ 당신만을 바라보는 그 마음을 몰라 주었기에 속이 까맣게 변해 버렸습니다. 늘 웃고 있어서 밝다고만 여겼는데 까맣게 타들어 가는 마음은 어쩔 도리가 없었나 봅니다. 그래도 행여 마음이라도 알아줄까 맛난 씨앗을 맺어 나눠 주니 어찌 이보다 더 큰 배려가 있겠습니까? 이제부터는 서로 바라보는 사랑을 하겠습니다.

꽃차 만드는 법

memo
꽃이 큰 것은 썰어서 만든다.

만드는 법

1. 해바라기 꽃송이를 따서 깨끗이 손질한다.
2. 20초 내외로 3~5회 찐다. 꽃심이 스펀지처럼 두껍고 수분이 많으므로 짧게 여러 번 찌는 것이 좋다. 찔수록 색이 진해진다.
3. 공중에 매달아 말린 뒤 냉동 보관한다.

다른 방법

꽃잎과 중심부를 분리한 뒤, 꽃잎은 수증기에 15초씩 2~3회 쪄서 말리고, 꽃 중심부는 잘게 썰어서 수증기에 같은 방법으로 쪄서 말린다. 말린 꽃을 밀폐 용기에 담아 냉동 보관한다.

해바라기꽃차

혈압 강하 작용

꽃차 마시는 법

꽃송이 하나를 200㎖ 용량의 다관 또는 푼주에 넣고 끓는 물을
부어 우려내어 마신다. 조금 진하게 우려낸 뒤에 얼음을 채워
차갑게 마셔도 좋다.
꽃잎과 중심부 말린 것을 적당하게 섞어 찻잔에 담고 끓는 물
을 부어 우려내어 마신다.

차의 맛과 효능

맛은 달고 성질은 따뜻하다. 지방유·인지질 등의 성분이 들
어 있다. 혈압 강하 작용이 있어서 고혈압으로 인한 두통을 다
스리며, 어지럼증과 변비를 개선하고 여름 감기로 열이 나고
오한이 들 때도 개선 효과가 있다.

현호색

기본 사항

학명 *Corydalis turtschaninovii*
개화 3~4월
분포 중부 지방의 산과 들
약명 현호색玄胡素
이용 한방에서 덩이줄기를 정혈제·
진경제 및 진통제로 쓴다.

양귀비과의 여러해살이풀이로, 줄기는 연하고 곧게 서며 키는 15~20㎝ 정도로 자란다. 3~4월에 길이 연한 붉은색 또는 자주색 꽃이 5~10개 정도 원줄기 끝에서 피는데, 아래쪽에 있는 꽃부터 피기 시작해 위로 올라오며 차례로 핀다. 종자는 검은색이고 매끄럽고 윤기가 난다. 전국 각지의 습기 있는 산지에 서식한다.

작가 노트 _ 전라남도 장성에 있는 백양사로 걸어 들어가다 보면 비자림이 울창한 길을 지나면서 오른쪽 경사진 곳에 현호색 군락지가 있다. 이곳은 국립공원 구역이므로 채취해선 안 된다.

꽃차 만드는 법

memo
잔여 수분을 없애는 데 신경쓴다.

만드는 법

1. 현호색 꽃송이를 따서 손질한다.
2. 수분이 많지 않기 때문에 채반에 얇게 펴 놓으면 잘 마른다.
3. 마른 꽃에 혹시라도 수분이 남아 있을까 걱정된다면 전자레인지에서 해동 모드로 2분 돌리고 꺼내어 식혀 다시 한 번 돌려 준다.
4. 밀폐 용기에 담아 보관한다.

현호색꽃차

어혈동통 개선 작용

꽃차 마시는 법

말린 꽃 3~5장을 찻잔에 담고 따뜻한 물을 부어 1분간 우려내
어 마신다.

차의 맛과 효능

맛은 맵고 쓰며 성질은 따뜻하다.

알카로이드 성분이 함유되어 있어, 진통·진정 작용과 타박상
으로 인한 어혈동통을 완화시켜 주며, 혈액순환을 활발하게
한다. 월경통에 효과적이다.

호박

기본 사항

학명 *Cucurbita* spp.

개화 6~10월

분포 전국의 인가 근처 밭

약명 남과南瓜

이용 호박꽃떡의 재료로 쓰이며 차를 끓였을 때 달콤함이 입안을 가득 메운다.

박과의 덩굴성 한해살이풀로, 세계적으로 재배되는 식물이다. 덩굴 줄기는 오각형으로 각이 지고 흰색의 긴 연모가 있으며 꼬불꼬불한 덩굴손이 나 있다. 꽃은 1가화一家花로 6~10월에 진노랑색 통꽃이 피며 화경이 길고 엽액에 하나씩 달린다. 수꽃과 암꽃이 다르며, 암꽃 밑부분에 과실에 달려 있다. 어린 열매는 나물·전·반찬을 만들어 먹고, 성숙한 열매로는 떡·범벅·죽 등을 만들어 먹으며, 호박잎을 쪄서 쌈을 싸 먹고 씨를 영양 간식으로도 먹는다.

작가 노트 _ 흔히 못생긴 사람을 호박꽃에 비유하지만 순박하고 은은한 모습은 어느 꽃에도 뒤지지 않는다. 더구나 호박이라는 열매가 주는 이로움이 꽃을 더욱 좋아 보이게 한다. 우리나라 농촌 사람 사는 곳이라면 어디서라도 볼 수 있는, 보면 볼수록 새록새록 정이 더하는 한국의 꽃이다.

꽃차 만드는 법

memo

말려서 쪄야 색이 보존된다.

만드는 법

1. 풍성한 호박꽃을 채취하여 깨끗이 손질한다.
2. 손질한 호박꽃을 그늘에 말려 찜기에 넣고 30초~1분 정도 김을 쏘인 뒤 프라이팬에 살짝 볶아 습기를 완전히 제거한다.
3. 완전히 마른 꽃을 밀폐 용기에 담아 보관한다.

※ 채취 시기는 10월 중순이 좋다.

호박꽃차

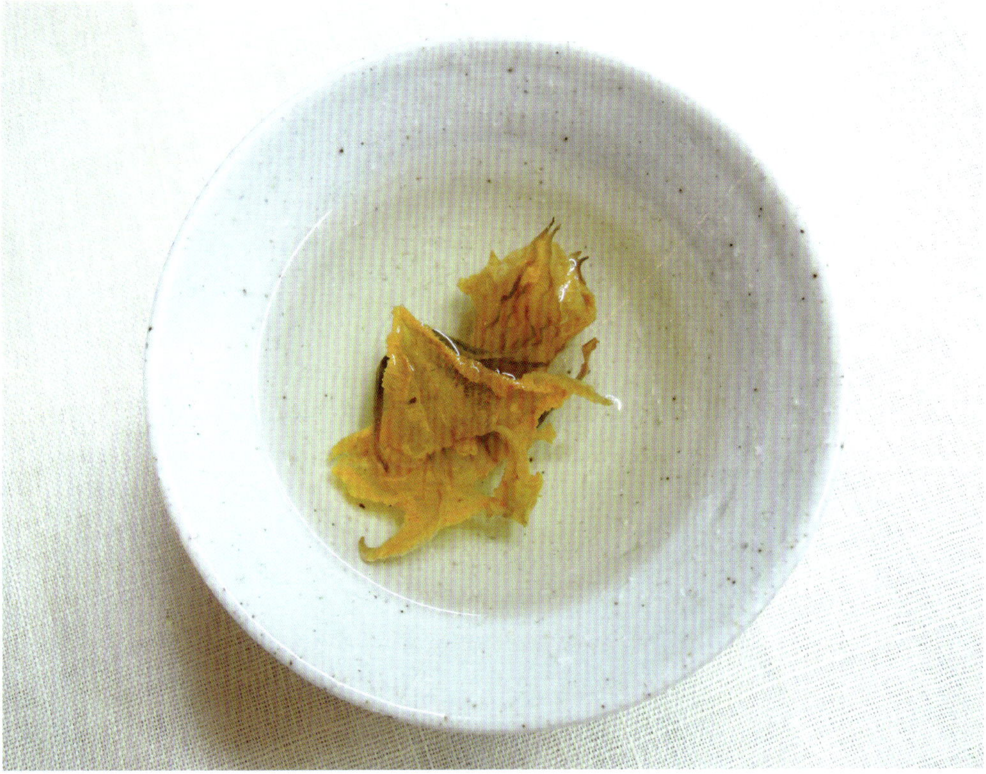

소변불리 개선
당뇨 개선

꽃차 마시는 법

말린 꽃 1송이를 찻잔에 담고 끓는 물을 부어 우려내어 마신다.

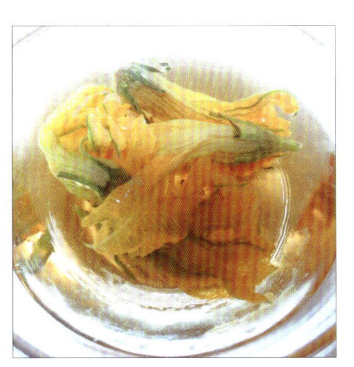

차의 맛과 효능

맛이 달고 성질이 따뜻하며 독이 없다. 차를 끓였을 때 달콤함이 입 안을 가득 메운다.
소변이 불편한 것을 개선하고 당뇨에 효과적이다. 이뇨 작용이 있어 부종을 줄인다.

회화나무

기본 사항

학명 *Sophora japonica* L.

개화 8월

분포 전국의 인가 근처

약명 괴화槐花, 괴각槐角, 괴지槐枝, 괴엽槐葉

이용 괴화는 동맥경화나 고혈압에 처방한다. 괴화에는 루틴과 포도당이 함유되어 있다.

콩과의 낙엽교목으로 키는 25m까지 자라고, 진한 회갈색의 나무껍질이 세로로 갈라진다. 어린 가지는 녹색이고 흰색의 털과 껍질눈이 있다. 꽃은 8월에 연한 황백색으로 피고, 10월에 길이 5~8㎝ 정도 되는 꼬투리 열매가 익는다. 황백색 꽃이 작은 아까시나무꽃을 연상케 한다고 해서 '8월의 하얀 비'라고도 부른다. 열매를 '괴각槐角', 가지를 '괴지槐枝', 입을 '괴엽槐葉', 꽃을 '괴화槐花'라고 하며 한방에서 약으로 쓴다.

작가 노트 _ 갓난아기의 속살처럼 여리고 뽀얀 회화나무꽃을 보면 마음이 애틋해진다. 지금은 관상수로 흔히 볼 수 있지만 예전에는 선비 가문의 정원에서만 가꿀 정도로 귀했다. 별명도 '정승나무'이다.

꽃차 만드는 법

memo
수증기 양을 충분히 하여 찐다.

만드는 법

1. 개화하기 전의 꽃봉오리를 채취하여 깨끗이 손질한다.
2. 꽃을 찜기에 넣고 1~2분간 김을 쏘인 뒤 그늘에서 말린다.
3. 완전히 마른 꽃을 밀폐 용기에 담아 보관한다.

※ 꽃이 피기 시작한 것은 찌는 시간을 적게 한다.

회화나무꽃차

고혈압 개선

꽃차 마시는 법

말린 꽃 1/2티스푼을 찻잔에 담고 끓는 물을 부어 1분간 우려
내어 마신다. 2~3회 더 우려낼 수 있다.

차의 맛과 효능

맛은 약간 달고 약간 쓰다.

간열로 눈이 충혈되고 머리가 아프면서 어지러운 증상에 효과
가 있다.

백화차

복합적인 향
화려한 색감

꽃차 마시는 법

200㎖ 용량의 유리 다관에 꽃차 3티스푼을 넣고 끓는 물을 부어 1분간 우려내어 마신다. 2~3회 더 우려낼 수 있다.

차의 맛과 효능

인고의 시간을 건더 낸 조화의 맛. 1백 가지 꽃의 향기가 어우러져 복합적인 맛이 난다.

1백 가지 꽃의 어울림, 꽃의 향연

백화차는 사계절의 꽃을 골고루 모아 만든 혼합차로, 화려하고 색과 풍부한 맛(오미五味), 풍미가 특징이다. 워낙 다양한 꽃이 섞이므로 국제적으로 성분이 검증된 꽃을 선별하는 것이 기본이다.

이른 봄에 피는 동백꽃과 매화를 필두로 하여 봄의 노란 개나리와 분홍 진달래, 온갖 과일 나무의 꽃 그리고 뜨거운 여름의 상징인 잇꽃(홍화)과 시원한 가을의 노란 국화를 넣고 마지막으로 겨울 눈밭에서 피는 차나무꽃으로 마무리하는 혼합차로서, 만드는 이의 화합이 없이는 만들 수 없는 차다. 그래서 백화차는 '가족차', '사랑의 차'로 불린다.

생화를 한데 섞는 것이 아니라 각각의 꽃차를 완성한 뒤 단계적으로 혼합하는데, 이 혼합 기간만 약 5~7일 정도 걸린다. 꼭 들어가야 하는 꽃과 조금 넣어야 하는 것(약성이 강한 것 : 매화 · 도화 · 현호색 · 자주괴불주머니 등), 감초 역할을 하는 꽃(아카시나무꽃 · 홍화 · 국화 등), 색의 조화를 이루는 꽃(고추나무꽃 · 박태기 · 장미 등), 맛을 내 주는 꽃(목련 · 찔레 · 때죽나무꽃), 향을 내 주는 꽃(국화 · 작약 · 칡꽃 · 수국 · 밤꽃 등)이 어우러져 하나가 되는 시간이 필요하다. 양도 똑같이 혼합하는 것이 아니라 성질과 맛, 향에 따라 3~5%를 차지하는 꽃이 있는가 하면 0.25~0.5% 정도만 차지하는 꽃도 있다.

백화차 성분

백화차는 카테킨과 카페인, 에피카테킨갈레이트, 카테킨 갈레이트 등 항산화 효소가 다량 함유되어 있으며, 인체 유래 피부 진피 섬유아세포에 대한 독성 실험에서 적정 적용 농도가 2.5%에 준한다는 기준이 성립되었으며, 진한 것보다는 엷은 농도에서 피부 자극이 없다는 사실이 밝혀졌다. 항산화 시험이나 미백 시험을 통해 티로시나제 억제 효과가 나타남에 따라 미백 활성이 나타나고 항산화 효과가 증가했다.

백화차 만드는 법

완성된 꽃차를 골고루 섞는다. 가장 먼저 꽃잎이 크고 튼튼한 것을 섞고, 맨마지막으로 잇꽃을 섞어 마무리한다.

책을 마치며

꽃차는 마음을 치료하는 마법의 차입니다. 꽃차를 즐기는 당신은 행복합니다.
꽃차를 마시는 순간 당신은 꽃이 됩니다.

산길을 오르다 보면 보일 듯 말 듯 숨어 피는 꽃들이 보인다.
눈길 한 번 제대로 받지 못하기도 하고, 때로는 무심한 발길에 짓밟히기도 하지만
꽃은 때가 되면 어김없이 피어난다.
꽃에 눈길이 닿는 순간 그리운 님을 마주친 것처럼 온몸이 전율한다.

산과 들에서 마주치는 꽃을 사진으로 다 담아내기에는 벅차다.
카메라의 사각 프레임 안에 들어오는 순간 꽃들은 표정을 잃어버린다.
잠깐 피었다 지는 것이 운명이니 그저 마음으로 봐 달라고 하는 것 같다.
그래서 나는 꽃들이 들려주는 이야기를 마음에 담고 차곡차곡 접어 놓는다.
시간이 흐르면서 꽃들의 화사한 모습은 잊혀지지만
마음에 담아 둔 감동은 오래도록 향기를 풍긴다.
그리고 다시 꽃이 필 때를 기다리며 인내하게 한다.

꽃을 다룬다는 것이 쉽지만은 않다.
꽃으로 음식을 만들고 차를 만들어 마시고 때로 생활 소품을 만든다고 하니
어떤 벌을 받으려고 저리도 이쁜 꽃을 따느냐며 조소를 보내 오는 이도 있다. 하지만
금세 시들어 버리는 꽃을 숨어서 다시 태어나게 하는 것도 의미가 있지 않을까 한다.
꽃향기에 오래도록 닿았던 마음을 여는 분들을 만났다.
더 많은 분들이 꽃처럼 미소지었으면 좋겠다.